crepúscu

EL LIBRO OFICIAL DE LA PELÍCULA

MARK COTTA VAZ

ALFAGUARA

ALFAGUARA

Título original: TWILIGHT: THE COMPLETE ILLUSTRATED MOVIE COMPANION

Publicado de acuerdo con Little, Brown and Company, Inc.
Todos los derechos reservados.

© 2008, Little, Brown and Company

© Del arte final de la cubierta y de las fotografías: 2008, Summit Entertainment, LLC
© De la traducción: Julio Hermoso
Diseño: Georgia Rucker Design

© De esta edición: 2008, Santillana Ediciones Generales, S. L.
Torrelaguna, 60. 28043 Madrid
Teléfono: 91 744 90 60

Primera edición: noviembre de 2008

ISBN: 978-84-204-2196-4

Depósito legal: M-49.498-2008

Impreso en México

Edward y Bella se están

enamorando. No había nada de especial en ello, ni tampoco en que dos adolescentes se sentaran al aire libre al anochecer, a hablar y ver cómo caía la lluvia y se oscurecía el cielo. Quien les viese podría quedar sorprendido por la belleza del joven; por lo demás, la escena resultaba inocente y común. Pero los dos jóvenes compartían un secreto: Edward era un vampiro.

—El crepúsculo —murmuró Edward—. La hora más segura para nosotros. El momento más fácil, pero también el más triste, en cierto modo... el fin de otro día, el regreso de la noche. La oscuridad es demasiado predecible, ¿no crees?

—Me gusta la noche —replicó Bella—. Jamás veríamos las estrellas sin la oscuridad.[1]

ÍNDICE

Amor prohibido

TODO LO QUE SABES SOBRE VAMPIROS ES FALSO.

Esa imagen clásica de un castillo en ruinas sobre una cumbre escarpada y un corredor oscuro en su interior que lleva a una cripta repleta de telarañas donde los vampiros duermen en ataúdes desde que sale el sol hasta que se pone? Incorrecta. ¿Todo eso de que son nocturnos, capaces de transformarse en murciélagos, y para ellos la luz del sol significa la muerte? Mentira. ¿El poder de un crucifijo o el ajo para alejar a los no muertos? Ni lo intentes.

Imagina en cambio una culta familia de vampiros que convive con los mortales durante el día, conduce deportivos, nunca duerme e incluye un respetado miembro de la comunidad. Imagina un escenario en el que los vampiros evitan la luz solar sólo porque revela su verdadera naturaleza: su pálida piel refleja la luz del sol con el brillo de un millar de nimios diamantes. Imagina a «los fríos» como una especie evolucionada cuya génesis se pierde en el primigenio misterio de la prehistoria. Olvídate de los clásicos bebedores de sangre nocturnos y sus colmillos y empieza a verlos como realmente son: criaturas bellas.

Es el revisionismo del enfoque de la tradición vampírica expuesto por Stephenie Meyer en *Crepúsculo,* su primera novela publicada en 2005. La historia se narra desde el punto de vista de Isabella Swan, de diecisiete años: sus padres están separados y acaba de mudarse de la casa de su madre en Scottsdale, barrio residencial de Phoenix, a la de su padre en Forks, Washington, un pueblo en la península de Olympic cubierto con el velo perpetuo de un clima lluvioso. Para Bella, como prefiere que la llamen, se trata de un regreso al lugar de tantos veranos y que ella detesta pero su padre, el jefe de policía, siempre ha adorado. Enseguida se fija en los Cullen. No pasan desapercibidos en el instituto de Forks: parecen y visten como modelos, y Edward Cullen, compañero de Bella en clase de Biología, es el más guapo de todos. Nadie sospecha que son vampiros.

Conforme Bella se acerca a Edward y descubre sus secretos, se entera de que el aquelarre del doctor Carlisle Cullen ha elegido alimentarse de animales salvajes, no de sangre humana, «vampiros vegetarianos», bromean ellos. Un extraño día soleado, Edward se muestra ante Bella: le enseña el brillo de su piel a la luz del sol, exhibe su fortaleza física y velocidad y le habla de su instinto hacia la sangre humana; y Bella se enamora aún más. Él ha encontrado en ella su alma gemela, pero le tortura sentirse embriagado por su olor y ha de resistirse a hacer de su amor su presa; ella ve en él un baluarte de fortaleza, con un rostro y una silueta semejantes a los de una estatua de mármol renacentista hecha realidad —«Edward... terrible y glorioso como un joven dios», suspira Bella—, y está tan enamorada que comienza a jugar con la idea de que Edward la tome y la convierta en un vampiro para así estar juntos toda la eternidad[2].

Crepúsculo deja a los lectores con Bella y Edward suspendidos sobre el filo de la navaja del deseo. El libro se convirtió en un *best seller,* número uno en el *New York Times,* y la saga continuó con *Luna nueva, Eclipse* y *Amanecer.* El primer volumen captó el interés de Hollywood y está lista para su estreno en los cines una adaptación de *Crepúsculo*

dirigida por Catherine Hardwicke y presentada por Summit Entertainment.

La idea que lo puso todo en marcha se le ocurrió a Meyer en un sueño, como tantas otras grandes creaciones artísticas. La maldición del doctor Frankenstein y su monstruo, por ejemplo, se hizo realidad en una visión hipnogógica de una Mary W. Godwin (pronto sería Shelley) de diecisiete años. Había visto al «pálido estudiante de las artes no consagradas» sentir repulsa ante el primer signo de vida del cuasi-hombre que había fabricado y huir a su dormitorio, donde rezó por que aquello se convirtiese de nuevo en «materia muerta». Pero cuando abrió los ojos, vio cómo su terrible creación descorría las cortinas de su lecho[3].

Tenemos también el extraño caso de Robert Louis Stevenson, en cuya infancia enfermiza y sueño febril se veía perseguido por una «bruja nocturna» y el único escape era despertarse entre gritos. En su madurez, el escritor afirmó haber aprovechado ese «mudo terror nocturno» para su narrativa, con «los duendecillos... los Brownies», como él los llamaba, que traían a su mente somnolienta ideas muy comercializables. Así fue la noche en que su esposa le despertó cuando gritaba dormido. Algo irritado con la interrupción, Stevenson le dijo: «Estaba soñando un buen cuento de terror». Su pesadilla se convirtió en *El doctor Jekyll y Mr. Hyde*[4].

Al contrario que la pompa y la distinción de la camarilla romántica de Shelley y las eternas fiebres de Stevenson, la vida de Stephenie Meyer no presagiaba sueños vampíricos. Nació en Connecticut en 1973, pero a los cuatro años su familia se trasladó a Phoenix. Sus hermanos y ella estaban divididos de una forma clara: tres chicos y tres chicas, Stephenie la segunda de las chicas. Fue al instituto en el elegante Scottsdale, «el tipo de sitio donde cada otoño algunas chicas volvían a clase con una nariz nueva y había Porsches en el aparcamiento de estudiantes», recuerda. Consiguió una beca National Merit que pagó sus estudios de Literatura inglesa en la Brigham Young University, una universidad que de forma «constante y orgullosa» acaba la última en las listas de las fiestas universitarias del país, apunta Meyer con satisfacción. Había conocido a su futuro marido aquel primer año de la familia en Phoenix; pasaron dieciséis más antes de que un vertiginoso noviazgo acabase en matrimonio y una década después, en tres hijos.

Todo cambió para ella la noche en que un sueño vívido la llevó hasta una pradera boscosa donde vio a una chica de aspecto normal y a un vampiro increíblemente guapo mantener una apasionada conversación. «Confesiones», el capítulo trece de *Crepúsculo,* es «en esencia una transcripción de mi sueño», ha revelado la autora[5]. Meyer recuerda la fecha de aquel sueño porque esa mañana sus hijos comenzaban las clases de natación. Pasó todo el día obsesionada y sintió la obligación de escribir la historia de la pareja tan descompensada

2 DE JUNIO DE 2003: EL DÍA EN QUE NACIÓ *Crepúsculo.*

La autora de Crepúsculo, *Stephenie Meyer, frente al portátil durante su cameo en la película.*

que formaban aquellos dos personajes en la pradera. En cierta forma, Meyer nunca despertó del sueño.

Tradición y leyenda vampíricas se pierden en la antigüedad y prácticamente todas las culturas poseen sus propias nociones míticas sobre estos seres, a menudo criaturas torturadas que beben la sangre de sus víctimas. Pero la fascinación moderna con los vampiros parte de una noche tormentosa sobre el lago Lemán, en Suiza, y una villa que se ha convertido en el refugio de Lord George Gordon Byron, el guapo y brillante poeta, a quien los escándalos acordes con sus notorios apetitos y cavilaciones melancólicas habían conducido allí desde Inglaterra. Mientras en el exterior caía una lluvia torrencial, Byron pasaba la noche intercambiando cuentos de terror y temas sobrenaturales con Mary W. Godwin, el poeta Shelley y el doctor John Polidori, y accedió a participar en una competición para ver quién era capaz de escribir la mejor historia de aquel género. A juicio de la posteridad, la vencedora fue Mary, pero Polidori creó *El vampiro,* publicada de forma anónima en 1819 aunque atribuida al inquietante Byron, cuya naturaleza oscura, maldita y romántica le daba «la imagen del vampiro».

Desde aquel entonces, los años contemplaron muchas representaciones teatrales y de linterna mágica basadas en vampiros, hasta la novela *Drácula,* de Bram Stoker (1897), que en su ADN narrativo contiene el sanguinario yugo de Vlad III, caudillo del siglo XV que vivía en Transilvania y cuyo reinado incluyó el empalamiento de cientos de prisioneros de guerra turcos. El escudo de armas de Vlad mostraba un dragón, que en la lengua de la zona

significaba también «demonio»: *dracul*[6]. En el
nuevo siglo, el cine permitió invocar versiones
aún más inquietantes de los no muertos,
destacable entre ellas el aristocrático conde
Drácula del actor Béla Lugosi.

Para la directora de *Crepúsculo,* Catherine
Hardwicke, el recorrido narrativo de la
adaptación al cine incluía volver a trazar esta
senda legendaria por los reinos de la tradición
vampírica en todo el mundo: «Puede que uno de
los motivos del gran eco de la serie *Crepúsculo* sea
que el mito del vampiro se halla profundamente
arraigado en la psique humana —afirma—.
Una amplia serie de culturas ancestrales
contiene mitos vampíricos: de Indonesia a
China, Egipto o Sudamérica. Muchas historias
hablan de mujeres que han perdido a sus hijos o
han muerto en el parto y vagan de noche por la
tierra causando estragos entre los vivos. Algunas
son deliciosamente truculentas, pensadas para
mantener a los niños en casa. Hay documentos
del gobierno rumano del siglo XIV que ofrecen
relatos detallados de la apertura de tumbas
vampíricas. Es incluso posible que la práctica de
la cremación estuviese motivada por el deseo
de evitar que los muertos regresaran al reino de
los vivos. Hallé planos de un ataúd especial que
incorporaba un mecanismo: una estaca atravesaba
el corazón del cadáver si intentaba escapar».

Se han formulado muchas teorías acerca
de por qué el mito vampírico ha anidado
tan profundo en la conciencia colectiva de la
humanidad. Joel Schumacher, que dirigió *Jóvenes
ocultos,* un film sobre unos vampiros que rondan
un pueblo turístico en la costa de California,
expone con acierto una noción cautivadora: «Yo
creo que uno de los motivos de la condición

perdurable de los vampiros es que son los únicos monstruos realmente sexy»[7]. Y ahí reside el atractivo especial de *Crepúsculo*.

«Ha habido [cientos] de películas de vampiros, pero nunca pensé en *Crepúsculo* como una película de vampiros —dice Greg Mooradian, el productor de cine que descubrió la novela—. En realidad los vampiros no son más que el gancho, el vehículo para contar una historia de amor prohibido».

Andar tras un libro con potencial para ser «material» cinematográfico siempre ha sido como buscar la aguja en el pajar, apunta Mooradian. *Crepúsculo* cayó en sus manos cuando apenas era un manuscrito bajo la edición de Megan Tinley en Little, Brown and Company. «No hay forma de predecir la vida de un libro. Ha de guiarte el instinto. A menudo, cuando leo literatura juvenil, me tengo que imaginar si una chica de quince años disfrutaría leyendo aquello. Lo que me sorprendió en mi lectura inicial de *Crepúsculo* era lo mucho que estaba disfrutando, lo absorbente que era, aun sabiendo lo lejos que estaba yo del público al que supuestamente se dirigía. Lo que me dijo mi reacción fue que éste era algo más que un libro para chicas. Se trataba de la novela inédita de una autora primeriza, pero fui capaz de pasar por encima [de

«NUNCA PENSÉ EN *Crepúsculo* COMO UNA PELÍCULA DE VAMPIROS».

su calidad en bruto] porque los temas que tocaba la historia y los personajes eran maravillosos. Contenía una temática universal, como *Romeo y Julieta,* que sin duda influyó en este libro y pensé que ésta era la premisa de una gran película: parecía la gran idea que nadie nunca había llevado a cabo. Pero en aquel momento no había forma de predecir que conectaría con las jóvenes como lo ha hecho, que se convertiría en un referente para ellas, tanto como cualquier otra cosa en la cultura contemporánea».

Mooradian llevó *Crepúsculo* a Karen Rosenfelt, presidenta de producción de la Paramount. «A Greg le apasionaba, y estaba deseando hincarle el diente, sabía que sería una garantía tanto editorial como cinematográfica».

MTV Films, de la Paramount, adquirió el proyecto en abril de 2004, pero se presentaron algunas complicaciones: lo que Mooradian llama «un cambio total de la guardia» sacudió la Paramount y supuso la salida de Rosenfelt como responsable de producción. En el proceso, *Crepúsculo* «quedó atrapada» en el limbo cuando el nuevo régimen tomó posesión, recuerda Rosenfelt, «languideció». Sin embargo, el libro pronto se convertiría en un fenómeno editorial: *Crepúsculo* no languidecería por mucho más tiempo.

«*Crepúsculo* explota la novedad del primer amor, un amor prohibido, y ¿qué hay más prohibido que enamorarse de un vampiro? Bella resulta muy accesible para las chicas, captura ese lado que todos tenemos, esa sensación de ser un extraño que observa desde el exterior al tiempo que intentamos mantener nuestra naturaleza iconoclasta».

KAREN ROSENFELT

«Edward ama a Bella y desea protegerla, es decir, la fantasía de todo el mundo; y hay tensión sexual. No pueden pasarse o él la mataría, que es lo que genera ese cosquilleo, esa emoción. Es la tentación y el deseo... Intentamos transmitir la gran historia de una pasión elevada, y ese primer amor en el que uno haría lo que fuese. Quién no recuerda haber escrito ocho mil veces el nombre de la otra persona en el cuaderno y observar, imaginar y planear cada segundo la forma de conseguir ver al otro en el instituto, donde, incluso si te roza al cruzarse contigo en la entrada, ¡es un momento mágico! Todo esto es lo que transmite Stephenie».

CATHERINE HARDWICKE

AMOR PROHIBIDO

19

Entretanto, Summit Entertainment, una compañía cinematográfica especializada en la distribución extranjera y las coproducciones, estaba dando el paso para convertirse en unos estudios con todas las de la ley y buscaba proyectos potenciales. «*Crepúsculo* salió del limbo porque Greg, en su papel de productor, estaba absolutamente entusiasmado con ella y siempre andaba dándole bombo y platillo —recuerda Rosenfelt—. Yo tenía una reunión con Erik Feig, presidente de Summit, y me preguntó si había algún proyecto que él pudiese perseguir y que la Paramount fuese a dejar escapar. Le dije que el que tenía que conseguir era *Crepúsculo*».

En aquel momento, los derechos de la Paramount estaban a punto de expirar. Summit se hizo con ellos en febrero de 2006. Desde entonces se ha convertido en «un proyecto insignia» para ellos, apunta Rosenfelt (productora ejecutiva en los créditos de la versión final de la película).

Crepúsculo, la película, se puso realmente en marcha cuando llamó la atención de la directora Catherine Hardwicke, cuyo currículo incluye ser diseñadora de producción en títulos como *Vanilla Sky* (2001), distribuida por Summit, y cuyo debut como directora llegó con *Thirteen* (2003), seguida de *Los amos de Dogtown* (2005). Hardwicke recuerda cómo conoció a los ejecutivos de Summit Patrick Wachsberger y Erik Feig cuando formaba parte del jurado del festival de cine de Sundance en 2007. «Fueron muy amables y dijeron que admiraban *Thirteen*. Por lo visto habían estado a punto de participar en la financiación y lamentaban no haberlo hecho. Erik dijo: "Fue la que se nos escapó". Me invitó a quedar con ellos para ver si podíamos hacer una película juntos».

El guión que captó su interés fue *Crepúsculo,* aunque se trataba de la primera versión desarrollada en MTV Films de la Paramount. «Me pareció fascinante, pero en la primera página se presentaba a Bella como una estrella del atletismo —recuerda Hardwicke—. ¡Bella es torpe! No es una atleta, no es elegante. Es una chica normal y ése es el motivo por el que conecta con nosotros. Al final de aquel guión aquello ya era como los Ángeles de Charlie, con el FBI y motos de agua. Le dije a Summit: "Mira, lo que tenéis que conseguir es que sea como el libro", así que volvimos al texto de Stephenie».

Se trataba del paso lógico, reconoce Mooradian, dado que la novela no era ya una incógnita ni tampoco así su autora. «¿Por qué tocar algo que funcionaba tal y como estaba? Para cuando Summit se involucró no había dudas acerca de pegarse al libro».

El mantra del equipo era ser fiel a la novela. Meyer, que aprobó el guión final (de Melissa Rosenberg), vio también la ventaja del viejo dicho «una imagen vale más que mil palabras»; por ejemplo, partes extensas del libro donde Bella describe la belleza del rostro de Edward podían resumirse en una sola toma. «Únicamente

PARTES EXTENSAS DEL LIBRO DONDE BELLA DESCRIBE LA BELLEZA DEL ROSTRO DE EDWARD PODÍAN RESUMIRSE EN UNA SOLA TOMA.

AMOR PROHIBIDO

21

tradujimos el libro al lenguaje del cine —explica Hardwicke—. Había que pasar la novela por el proceso de condensación para el cine, reducirla a su esencia. En una película podemos mostrar más acción, así que mi meta era hacer de ella algo menos interior. Ante una escena pasiva intentábamos dar con formas de hacerla visualmente activa. Stephenie nos dio un montón de notas increíbles, es capaz de valorar y expresar mejor que nadie lo que sentiría Bella. También acabó tratando en el guión unas cuestiones técnicas mínimas que habría cambiado en su primera novela... Pero [igual que en el libro], sólo transmitimos el punto de vista de Bella; el film sólo ve lo que ella ve».

El casting fue un reto, ya que la legión de *twilighters*, los fans de la Saga *Crepúsculo*, tenía sus propias ideas e imágenes mentales de los personajes de las páginas impresas. No se podía hacer de manera independiente, pues tenía

que haber química en pantalla entre quienes interpretasen a Bella Swan y Edward Cullen, para que coincidiesen con sus homólogos literarios. La primera en conseguir el papel fue Kristen Stewart, cuyas interpretaciones iban desde *La habitación del pánico* hasta *Hacia rutas salvajes* y que durante la mayor parte del rodaje tuvo la edad exacta de Bella. Si bien Mooradian se había emocionado con el casting de Kristen, recuerda a Robert Pattinson —conocido como Cedric Diggory en *Harry Potter y el cáliz de fuego*— «más como una incógnita»: Pattinson fue a por el papel y les convenció. «Lo dio todo y más», recuerda Mooradian sobre el trabajo personal del actor para meterse en la piel de Edward y convertirse en el personaje.

Greg Mooradian permaneció como productor desde los estudios preliminares del film hasta su postproducción. Durante la fase de rodaje estuvo en las localizaciones tanto como pudo, pero había

La directora, Catherine Hardwicke.

de compartir su tiempo con otro proyecto en Los Ángeles. Hardwicke llamó al veterano Wyck Godfrey, que había sido uno de los productores de su película *Natividad* (2006), para que se involucrase en el día a día del rodaje.

Cuando Godfrey subió a bordo, la producción se preparaba para un rodaje complicado en exteriores. Godfrey, que tenía experiencia en proyectos de libros adaptados al cine, aprobó la decisión de producción de mantenerse fiel a la novela. «Leí la novela y el guión de *Crepúsculo* en diciembre [de 2007], cuando Catherine se puso en contacto conmigo. Lo mejor es que habían mantenido una fidelidad casi absoluta al libro. Yo creo que partes de una base, te aseguras de que gusta y a continuación la puedes expandir. Apartarse del libro no suele inspirar la mayor de las confianzas entre los fans. En el caso de *Crepúsculo,* Stephenie Meyer

participaba en el desarrollo del guión, ¡lo noté enseguida! Si éste es un libro tan apreciado, lo es por algún motivo, así que hagamos una película del libro y no otra película más de vampiros.

»Parte de la atracción para mí residía en volver a trabajar con Catherine —añade Godfrey—. Es una persona muy visual. Cuando hablamos de algo, casi le resulta más sencillo dibujarlo. Esa capacidad es muy útil para un productor porque, esté pulida o no, puedes ver por dónde va ella. Es capaz incluso de ir a su armario y sacar unas telas para enseñárselas al diseñador de vestuario, ése es su nivel de detalle. Pero Catherine es la elección perfecta para *Crepúsculo* porque sus películas siempre captan la verdad emocional de los adolescentes, la crudeza de aquella experiencia. Lo que distingue a éste de otro género de películas es que es crudo, emocional, y sientes el transcurso de una auténtica historia de amor».

«Lo que me gustó del mundo creado por Stephenie Meyer fue que te pedía que dieses un salto increíble nada más entrar por la puerta: los vampiros viven entre nosotros y no lo sabemos. El resto de la historia se basa en el mundo real y me ha permitido disfrutar de la parte fantástica todavía más».

GREG MOORADIAN

Bella en el set de una librería, creado en St. Helens, Oregón.

«Si lo que ves es real, parecerá real».

CATHERINE HARDWICKE

ardwicke llegó a *Crepúsculo* con unas habilidades inusuales. Creció en McAllen, una ciudad del sur de Texas a caballo de la frontera con México, y se graduó en Arquitectura en los ochenta por la Universidad de Texas, en Austin. Cuenta que construyó unos cien edificios en la región del sur de Texas y señala con satisfacción un complejo de ciento veinte viviendas unifamiliares en el que diseñó hasta el último detalle, incluido un lago de más de una hectárea como ajardinamiento y un enfoque «solar pasivo» que orientaba las estructuras para que aprovechasen la luz del sol y los vientos predominantes. Pero aquel proyecto era una excepción. «La arquitectura es conservadora por naturaleza. Supone mucho dinero, es permanente y a los clientes les preocupa su valor futuro. Sólo querían que repitiese el mismo diseño. Después de que una señora me pidiese que le cambiara de sitio el calentador y la lavadora por tercera vez, solicité el ingreso en la escuela de

La directora Catherine Hardwicke en el set de la clase de Biología con Kristen Stewart y Robert Pattinson.

cine de UCLA, en los cursos de posgrado, en la especialidad de animación.

»Una noche estaba bailando en un club de Hollywood y conocí a un productor, Allan Sacks, que estaba haciendo una película de *skaters* llamada *Thrashin'*. Como era arquitecta, pensó que podría "dirigir artísticamente" su película. Tenía un presupuesto de cinco mil dólares para el departamento artístico, mi gente se tiraba a dormir en el suelo o en hamacas en el camión del equipo. Como exteriores para los malos de la película utilizamos una casa abandonada donde se trapicheaba con crack, y recibimos amenazas de los miembros de una banda de Venice por tapar sus firmas con grafitis. Pero me enganchó. La principal diferencia con mi mente de arquitecta es que, como tal, uno diseña todo para que sea impecable y hermoso, pero cuando diseñas para una película intentas decir algo sobre un personaje: cómo vive y respira, sus hábitos e historia. Como arquitecta, me habría horrorizado que alguien pusiese un harapo naranja en una casa que yo hubiera diseñado, pero como directora artística me podría parecer el objeto perfecto para contar la historia del personaje. Empecé a enamorarme de los desconchones de pintura y de las grietas rellenas con periódicos».

Además de ser fiel al libro, la preferencia de la directora por rodar en lugares reales fue otro principio rector. «Me han enseñado a imaginar las cosas de un modo visual —reflexiona—. ¿Cuánta profundidad puedes lograr, qué cantidad de la historia puedes contar disponiendo de

localizaciones reales y vistiendo el set de forma que dé la sensación de que estamos en el dormitorio de una persona real, que allí vive alguien de verdad?».

Aunque el personal de efectos hizo pruebas con una cámara digital en preproducción, el rodaje se efectuó con película normal. El mundo de *Crepúsculo,* aunque posee innegables elementos fantásticos, no sería un film de «pantalla verde», con actores trabajando en sets insonorizados delante de un fondo neutro y el posterior añadido de entornos generados por ordenador. «En mi opinión lo mejor es usar CGI [Imágenes Generadas por Computadora] con moderación —dice Hardwicke—. Si tienes un set realista [de verdad] no necesitas ese ambiente CGI. Es posible que sólo precises un pequeño toque mágico en una esquina y tres cuartas partes del encuadre son de verdad. Si lo que ves es real, parecerá real».

Su director de fotografía, Elliot Davis, no sólo había filmado la primera película de Hardwicke, sino también *Los amos de Dogtown* y *Natividad*. Entre los responsables de los departamentos y el resto del personal de *Crepúsculo* había otros veteranos de las producciones de Hardwicke, como la maquilladora Jeanne Van Phue y la estilista Mary Ann Valdes *(Dogtown),* el responsable de localización de exteriores James Lin (*The Monkey Wrench Gang,* una película que Hardwicke espera realizar), y el ambientador de

El director de fotografía, Elliot Davis.

*Bella (Stewart) sale de la casa utilizada
como residencia de los Swan
en St. Helens, Oregón.*

plató Gene Serdena, que cuenta con veinte años de trabajo con ella.

Crepúsculo tendrá su parte de efectos visuales —unas doscientas cincuenta tomas—, con el supervisor Richard Kidd y un equipo de su compañía de Los Ángeles, Catalyst Media, que incluía a su productora, Petra Holtorf, revisando el trabajo, con la contribución en tomas vitales de CIS Vancouver e Industrial Light + Magic (ILM), la afamada compañía de efectos visuales que se inició con *La guerra de las galaxias*. Todo el ilusionismo se haría «en cámara» en la medida de lo posible, con Andy Weder (recién salido de las tareas de coordinación de efectos especiales de *Piratas del Caribe: En el fin del mundo*) en la supervisión de los mismos y el veterano del género de acción de Hong Kong, Kai Chung Cheng, a quien llaman «Andy» Cheng, como coordinador de especialistas y director de la segunda unidad.

Como en todas las producciones, el acoplamiento de todo el personal generó su propia química particular. El trabajo en sí, dividido en preproducción, rodaje y postproducción, reflejaba los recortes en la cronología de la realización cinematográfica moderna. Desde el momento en que Hardwicke tiró el viejo guión de *Crepúsculo*, la producción fue a toda marcha hacia un rodaje de cuarenta y cinco días que comenzó en marzo de 2008. Para cuando se puso fin a la filmación y ella regresó a Los Ángeles para iniciar la postproducción, el estreno se venía encima como una locomotora a toda máquina.

El rodaje sería duro, con la filmación planificada en los lugares reales descritos en la novela. En un momento dado, Hardwicke preguntó a Meyer por qué había situado la historia en el noroeste del Pacífico, concretamente en un pequeño pueblo del Estado de Washington llamado Forks. «Los vampiros buscan lugares con la menor cantidad de luz solar —apunta Hardwicke—, de forma que Stephenie investigó para localizar el sitio más lluvioso del Estados Unidos continental, el lugar con el menor índice anual de luz solar: ¡Forks!».

El mundo de Crepúsculo

CREPÚSCULO: EL LIBRO OFICIAL DE LA PELÍCULA

First Street, en St. Helens, Oregón, hace las veces de Port Angeles, Washington.

La región de bosques húmedos de Olympia es el sueño de todo fotógrafo, con árboles ancestrales y musgo, altas montañas, costa abrupta, fuertes lluvias y una humedad que lo inunda todo. Catherine Hardwicke inició *Crepúsculo* con un viaje a Forks con Jamie Marshall, primer ayudante de dirección; Andi Isaacs, vicepresidente de producción de Summit; y Gillian Bohrer, ejecutivo creativo de Summit. Visitaron también los bosques de alrededor, la playa de La Push en la reserva india de los quileute y la ciudad de Port Angeles. «Fuimos a los sitios exactos del libro, hicimos fotos y nos empapamos del ambiente. Forks da una verdadera sensación de comunidad, todo el mundo se conoce. Hay familias que llevan allí un siglo. La de Diane Shostack, de la cámara de comercio local y nuestra guía en Forks y Port Angeles, se dedica a la tala de árboles y la ingeniería forestal y vive allí desde hace cien años. Como podrás imaginar, todo el mundo en Forks estaba emocionado con *Crepúsculo,* que les lleva visitantes cada semana».

Dos meses después de la visita de Hardwicke, James Lin, responsable de la supervisión de exteriores, estudió la zona. Mientras conducía vio áreas donde la tala masiva había pelado los bosques, un marcado contraste con la densa vegetación autóctona de musgo verde, intacta durante siglos. En la reserva de los quileute vio jóvenes que eran una mezcla de cultura hip-hop y orgullo indio. En la playa de La Push verificó charcas, dársenas de marea y troncos varados de muchos metros de longitud que llevaban décadas allí, suavizados por el oleaje. Por el camino, Lin iba tomando notas y sacaba tomas de las vistas panorámicas con su cámara digital Nikon o con su magnífica Nikon antigua de 35 milímetros. «Yo le doy al director la representación más cercana de lo que hay —explica Lin—. A Catherine le gusta utilizar diferentes elementos y el [informe del] reconocimiento ayuda a refrescarle la memoria y puede que incluso le inspire para intentar algo diferente».

El reconocimiento empieza por ver «dónde pisas», cuenta Lin, e implica hablar con los lugareños, incluidas la cámara de comercio local y cualquier asociación promotora del pueblo que nos hable de los lugares de interés. Esa labor sirve de trampolín para «tragar asfalto», recorrer en coche la zona y mantener los ojos bien abiertos. Un *scout* se guía por el instinto, y un poco de suerte. Mientras hacía esto para *El dilema,* en Kentucky, Lin conoció a su mujer, y su siguiente gran hallazgo fue para *Inmersión letal,* un rodaje en las Bahamas. Le habían pedido que encontrase un tanque de agua

*Rob Pattinson y Kristen Stewart
en el set del instituto de Forks.*

para simular unas aguas abiertas, pero no era fácil disponer de uno. Parecía un encargo imposible. Mientras conducía paralelo al océano, localizó un claro y, detrás de un macizo de vegetación, lo que parecían cinco depósitos gigantes de aceite. Tiró una piedrecita contra uno y éste le devolvió el sonoro eco de un tanque vacío. En realidad, había descubierto los depósitos de almacenaje de melaza de la compañía Ron Bacardi. Lin se reunió con el presidente de la misma, el propio Juan Bacardi, un exiliado cubano de setenta y tantos que adoraba los Estados Unidos y accedió a que el equipo de la película utilizase el depósito. Lo habían vaciado para limpiarlo y tenía casi diez metros de profundidad por treinta y ocho de diámetro, y cabían cuatro millones y medio de litros de melaza. Producción lo pintó de azul, se empleó unos días en bombear casi cuatro millones de litros de agua de mar y ya tenían su entorno controlado para simular el océano

abierto, todo gracias a un avistamiento casual y al afortunado lanzamiento de una piedra.

«Siempre buscas cosas interesantes. Puede ser ese lugar que tienes la suerte de encontrar en el momento justo del día o aquel sitio en una puesta de sol donde la luz incide de tal manera que hace que lo escojas como escenario. Lo mejor de Catherine en esta película fue que, aunque no estuviese en el guión, quería situar algo en la película que oliese al noroeste del Pacífico: el terreno, la forma de vida, alguna gran edificación. Es fantástico cuando alguien es lo bastante flexible como para integrar las típicas cosas que la gente no ve», piensa Lin.

Los dos meses de trabajo previo de Lin le llevaron a sitios fotográficamente interesantes y útiles para la historia. El equipo de producción encabezado por la directora y los directores artístico y de fotografía pudieron evaluar entonces si los exteriores funcionarían según las necesidades de la historia y la logística del rodaje. «Yo soy quien decide si se puede rodar en una localización —indica el director de fotografía, Elliot Davis—. Siempre creo que las cosas se muestran por sí solas, en el cine o en la vida, siempre lo hacen. Valoramos lo que podemos hacer, si podemos sacar provecho de unos exteriores. ¿Y la logística, puedo llevar hasta allí las cámaras, grúas y equipo de iluminación? El criterio es cómo situar a nuestros actores. Catherine también puede tener una idea específica y, dado que ella es muy visual, quizá en su cabeza se esté formando una imagen de cómo hacer una escena concreta, y lo que a ella le preocupa es si unos exteriores en particular podrán conseguir aquello. Si una localización no funciona, hemos de seguir buscando».

Forks y sus alrededores *eran* la historia, y tenían esos hermosos exteriores imprescindibles, pero carecían del alojamiento y la infraestructura necesarios para un equipo de rodaje con un presupuesto ajustado. Con uno mayor «lo harías y punto», indica Davis, pero el «*crack* presupuestario» malogró el deseo de Hardwicke de seguir las huellas de la novela. El equipo de producción, con la determinación de ser fiel al libro, tenía que encontrar una sustituta para Forks.

> FORKS Y SUS ALREDEDORES *eran* LA HISTORIA, Y TENÍAN ESOS HERMOSOS EXTERIORES IMPRESCINDIBLES, PERO CARECÍAN DEL ALOJAMIENTO Y LA INFRAESTRUCTURA NECESARIOS PARA UN EQUIPO DE RODAJE CON UN PRESUPUESTO AJUSTADO.

St. Helens, Oregón, se empleó también como exteriores de Port Angeles, Washington.

ajo la escarpada costa donde transcurre *Crepúsculo,* el equipo de producción recreó su mundo en escenarios reales. El sustituto de Forks sería una composición de lugares en y alrededor de Portland, Oregón, incluidas Vernonia y St. Helens.

Lin y sus imprescindibles asistentes, Beth Melnick y Don Baldwin, emprendieron un nuevo reconocimiento de la zona de Portland. El equipo de localización de exteriores incluía un *scout* en Portland y dos ayudantes de localización de Los Ángeles para cuando se iniciase el rodaje de la segunda unidad, y haría falta personal adicional para asegurarse de que los siguientes exteriores contaban con todos los permisos necesarios y estaban listos para el rodaje. En la medida de lo posible, los nuevos exteriores serían semejantes a las zonas ya vistas en el área de Forks. «Nuestros *scouts* nos decían cuándo algo no estaba bien —cuenta el productor Godfrey—. Se trataba de un nivel de esfuerzo y de trabajo extra dedicado a la captura del mundo de *Crepúsculo.* Nuestra prioridad era clavar el libro, y Portland resultaba un buen equivalente de Forks. Está en la costa noroeste del Pacífico, apenas a trescientos kilómetros [de Forks] y tiene esa melancolía en el clima».

El clima. En ese aspecto, la zona de Portland demostró hallarse muy a la par de Forks. Los partes que recibían los miembros de producción encargados del rodaje les advertían de que iban camino de una zona de lluvias y había que prepararse. Hardwicke, por ejemplo, fue a una tienda de material de montaña y preguntó: «¿Qué me puedo poner para pasar catorce horas al día bajo

Exterior del Columbia Theatre en St. Helens, Oregón.

una lluvia gélida sin mojarme?». Salió de allí con sombrero, chaqueta y pantalones de agua, un protector para el cuello, ropa interior larga, calcetines de lana de todos los grosores posibles y botas de Gore-Tex, todo *garantizado* para mantenerla seca y no pasar frío. Pero, como apunta James Lin, cuando uno permanece todo el día bajo la lluvia, *no hay protección*.

En su intento por emular el ambiente nublado y lluvioso de Forks, el equipo de producción creyó haber encontrado un buen sustituto en Oregón, dice el director artístico, Ian Phillips. «Nos desplazamos a la zona de Portland porque allí tienes lluvia y humedad, pero no un clima tan duro y chaparrones [como en Forks]. Sin embargo, cuando llegamos allí para rodar, atravesaban uno de los peores inviernos en bastante tiempo, según creo. Se suponía que no debía ser tan húmedo, pero así es como fue».

Algunos miembros del equipo admiten que una cosa era prever un clima duro y prepararse para ello y otra sufrirlo y aguantarlo. Se enfrentaron a lo mismo que observó Bella Swan, al llegar a Washington desde Arizona: «Estaba lloviendo cuando el avión aterrizó en Port Angeles. No lo consideré un presagio, simplemente era inevitable. Ya me había despedido del sol»[8].

«¡La lluvia era terrible, ni te lo imaginas! —se queja la jefa de maquillaje, Jeanne Van Phue, al recordarlo—. Es realmente difícil maquillar sobre la piel húmeda y con brochas húmedas. Ya sabía que íbamos a mojarnos, pero nunca había estado en Portland y no pensaba que fuera tanto. Al final, en todo el tiempo que estuvimos rodando, sólo hubo cuatro días sin lluvia. Tras el primer día de rodaje, todo el mundo estaba calado, hecho una sopa, pero nuestros maravillosos productores Wyck

BELLA SWAN, AL LLEGAR A WASHINGTON DESDE ARIZONA: «ESTABA LLOVIENDO CUANDO EL AVIÓN ATERRIZÓ EN PORT ANGELES. NO LO CONSIDERÉ UN PRESAGIO, SIMPLEMENTE ERA INEVITABLE. YA ME HABÍA DESPEDIDO DEL SOL».

Godfrey y Michele Imperato Stabile se portaron genial: nos trajeron tiendas con calefactores, además de ponernos espejos y luces de maquillaje en las localizaciones, y una tienda para que los actores estuviesen cómodos y sin frío mientras se preparaba la iluminación. Steve Smith, nuestro increíble jefe maquinista, puso a su vez un palio de seis por seis metros sobre la grúa de la cámara, una lona impermeable que refleja la luz y que también resguardaba a los actores. Pero aun así había niebla y el viento te echaba la lluvia encima».

«Fue complicado; había que tener los secadores, moldeadores y toallas secas preparados todo el tiempo —añade la estilista Mary Ann Valdes—. Debíamos proteger a los actores de la lluvia, porque si se les mojaba el pelo costaba otra media hora volver a dejarlos listos. Si pierden tiempo se retrasa el calendario, y eso es dinero».

El principal problema no era sólo la lluvia, sino la naturaleza imprevisible del tiempo, añade Godfrey. «Tan factible era que lloviese todos los días como que granizase, nevase o saliese el sol. Era un problema cuadrar los exteriores con cada escena y no sufrir retrasos con un tiempo que no dejaba de cambiar». Al final se trataba de unas condiciones meteorológicas cambiantes combinadas con un «calendario muy agresivo», agrega. No se podía perder un solo día de rodaje en un calendario tan ajustado, y había también restricciones especiales en las jornadas de los actores menores de dieciocho años, en particular Kristen Stewart, que salía en casi todas las escenas y fue menor de edad hasta dos semanas y media antes de finalizar el rodaje. «Por su cumpleaños recibió una gran tarta con un reloj —recuerda Hardwicke—, y después nos fuimos directos a la sesión nocturna de rodaje. ¡Bienvenida al mundo de los adultos!».

«Nada va nunca según lo previsto en la realización de una película, en particular cuando te enfrentas a calendarios de rodaje complejos, las condiciones en exteriores y los inviernos de Portland —observa Gene Serdena, jefe de decoración—. El nivel de conocimiento del oficio en el cine implica que todos han de ser profesionales, intentas ser tan meticuloso y organizado como puedes, y entonces se produce un gran desastre cósmico y todo el mundo las pasa canutas para solucionarlo. ¡Es un milagro que llegue a hacerse una película!».

A lo largo del rodaje había un recordatorio permanente de lo que estaba en juego al trasladar el fenómeno editorial a la gran pantalla: jóvenes fans de *Crepúsculo*, muchos de los cuales habían viajado cientos de kilómetros, permanecían de pie bajo la lluvia y hasta altas horas de la fría noche, mirando desde el perímetro en varios de los escenarios del rodaje. Los *twilighters* obtuvieron como recompensa las visitas de Hardwicke, Pattinson, Stewart y otros que firmaron autógrafos y charlaron con los encantados fans. «Ahí se quedaban durante horas, bajo el frío y la lluvia, esperando a que saliesen Rob, Kristen y los demás —recuerda Van Phue—. Yo no creo que [el rodaje en sí] les importase siquiera. Estaba alucinada».

«POR SU CUMPLEAÑOS RECIBIÓ UNA GRAN TARTA CON UN RELOJ, Y DESPUÉS NOS FUIMOS DIRECTOS A LA SESIÓN NOCTURNA DE RODAJE. ¡BIENVENIDA AL MUNDO DE LOS ADULTOS!».

Hardwicke estudia una toma con el director de fotografía, Elliot Davis.

Como la mayoría de las producciones, *Crepúsculo* no se rodó de manera secuencial: el calendario lo determinaban los caprichos de la climatología, la disponibilidad de los sets, exteriores y otros factores. Por ejemplo, debido al calendario disponible de un actor, el rodaje comenzó por el final: la dramática lucha por la vida de Bella entre Edward y un mortífero vampiro en un estudio de ballet, que se filmó en un set construido en una nave de Portland. Jamie Marshall, primer ayudante de dirección y producción, siempre había de estar preparado para rodar según dictase el tiempo, una cuestión de particular importancia para Elliot Davis y su equipo de iluminación y cámaras.

«La dificultad de la película era como el proverbio chino: "Con malos cimientos, la casa se viene abajo" —dice Davis—: No podía permitir que el sol entrase en el mundo de los vampiros; debíamos mantener un aspecto nublado todo el rato. La luz del sol les hace adquirir lo que llamamos el "efecto centelleo", que reservábamos para uno de los momentos clave de la película, cuando Edward se muestra a Bella. Los Cullen ni siquiera van a clase cuando hace sol con el pretexto de que se van de excursión. Se trataba de una gran norma impuesta en la película. Aunque estuviesen a la sombra, no se podría ver la luz del sol al fondo. ¡Nunca había visto tanto parte meteorológico como en este rodaje! Por la noche, antes de irme a dormir, comprobaba el tiempo que iba a hacer en cinco días. ¡Me sentía como el hombre del tiempo! Mi orden de preferencia

«POR LA NOCHE, ANTES DE IRME A DORMIR, COMPROBABA EL TIEMPO QUE IBA A HACER EN CINCO DÍAS. ¡ME SENTÍA COMO EL HOMBRE DEL TIEMPO! MI ORDEN DE PREFERENCIA ERA: NUBES, LLOVIZNA, LLUVIA, DESPUÉS AGUANIEVE Y NIEVE. CUALQUIER COSA MEJOR QUE SOL».

era: nubes, llovizna, lluvia, después aguanieve y nieve. Cualquier cosa mejor que sol. A veces debías tener paciencia y esperar [las nubes]; es muy difícil cuando estás bajo presión y te cuesta dinero, cuando cada segundo es un dólar y ves cómo se te escapa el día».

Davis, como Hardwicke, es arquitecto: «Ése es uno de nuestros nexos, digo yo», sonríe. Se encaminó hacia el cine con una película de tesis sobre el reciclaje urbano. Recorrió los festivales con un film posterior sobre unos chicos que se escapan de una institución mental y se inscribió en la escuela de cine de UCLA. Su primer trabajo fue con Jacques Cousteau, el famoso investigador marino.

Davis piensa que la transición de la arquitectura al cine resultaba natural. «El cine es un medio muy arquitectónico. La relación entre ambos viene de lejos, desde el expresionismo alemán y *Metropolis* de Fritz Lang, hasta el aire del cine negro, muy gráfico en la forma en que trata la luz, las sombras y el espacio. Los exteriores, los edificios y el aspecto de las habitaciones y los espacios son parte de las películas tanto como los actores. Veo un lugar en términos de luz y de espacio, pasa a ser un personaje más y tenemos que pensar qué ocurre en él. Como todo arquitecto, creo que la forma sigue a la función. El director tiene plena libertad para imaginarse algo, y el cómo nos toca al resto. Para el trabajo con la cámara hay plataformas giratorias y raíles, pero eso no es más que un modo de llevarlo desde el punto A al B, de seguir la acción».

Esta labor hacía énfasis en un enfoque de cámara al hombro, un estilo documental con cámaras que se mueven con los actores y alrededor de ellos. Una de las herramientas para la filmación fue la *steadicam* del operador George Billinger. «Utilizamos mucho la *steadicam,* más

> «LOS EXTERIORES, LOS EDIFICIOS Y EL ASPECTO DE LAS HABITACIONES Y LOS ESPACIOS SON PARTE DE LAS PELÍCULAS TANTO COMO LOS ACTORES».

que las plataformas giratorias, porque queríamos la sensación de que la cámara se podía desplazar y sin restricciones —explica Davis—. La *steadicam* es básicamente una cámara sobre un brazo flexible sujeta a un arnés en torno al cuerpo del operador, y el brazo que sujeta la cámara se separa del arnés. Se equilibra con unos giroscopios que permiten que la cámara se mueva; elimina las vibraciones y mantiene estable el horizonte de forma que el operador puede correr con ella y no da saltos arriba y abajo. Lo hicimos con frecuencia para darle vida a la filmación. Muchas películas tradicionales de Hollywood parecen muy formales y no queríamos dar la impresión de que los actores estaban encerrados en una caja. Esa sensación de vida es una de las ventajas de los documentales sobre los dramas, y así es la historia de las películas de Catherine; le gusta el aire del *cinéma vérité*».

Producción planificó escenas complejas, incluidas un partido de béisbol entre vampiros y la pelea en el estudio de ballet, para las cuales rodaron ensayos y editaron con ellos un «minimetraje», cuenta Hardwicke: «Hice un *storyboard* de toda la acción con dibujos o fotos. Todo estaba planeado, pero a menudo el tiempo u otros factores nos hacían saltarnos unas tomas e improvisar otras. Elliot Davis y yo intentamos encontrar un modo de rodar cada escena para que transmitiese su *feeling* y sus emociones. A veces la cámara estaba estática, pero eran más las veces que estaba en movimiento, realzando la fuerza emocional».

De izquierda a derecha: Jessica Stanley (Anna Kendrick), Mike Newton (Michael Welch), Bella Swan (Kristen Stewart) y Eric Yorkie (Justin Chon) sentados a la mesa en la cafetería.

«Hay libertad de movimiento en los actores y las cámaras porque ésta es la historia de una chica que irrumpe en un lugar nuevo y deja algo atrás. Bella está en movimiento; está físicamente dando el paso de un mundo a otro. Ése es su viaje, desde donde ella pensaba que se encontraba a un lugar en el que ella jamás pensó que podría encontrarse. Todas estas herramientas [del rodaje] dan esa sensación a la película: la sensación de movimiento hacia delante».

ELLIOT DAVIS

Catherine Hardwicke dirigiendo a los actores.

EL MUNDO DE CREPÚSCULO

Antes de que la directora pudiera trabajar con los actores y los cámaras pudiesen filmarlos, debían tener lista la ropa, el pelo y su aspecto. «Vestuario, peinado y maquillaje: todo ha de estar unificado o no funcionará —explica la estilista Mary Ann Valdes—. Nuestros tres departamentos trabajan en estrecha unión. El vestuario suele encabezar el proceso, porque la peluquería y el maquillaje son algo más flexibles, mientras que el vestuario debe decidirse con antelación y hay que arreglar las prendas. El tipo de ropa que se lleve también resaltará el maquillaje».

Para la diseñadora de vestuario Wendy Chuck, cuyo currículo incluye *Entre copas,* la acelerada cronología de la realización de las películas en la actualidad se halla muy lejos de la época en que disponer del lujo de unos meses de preproducción era la regla, no la excepción. «Ahora se consigue el guion, se consiguen los actores y nos vamos de compras. Todo pasa deprisa y corriendo. Tengo un presupuesto, así que además del elemento creativo y del realce de los actores, existen cuestiones económicas. Hay que valorar muchas cosas», dice Chuck.

El equipo de vestuario de *Crepúsculo* constaba de siete personas en Los Ángeles y de doce a quince en Portland que se encargaban de todo lo necesario para la primera unidad de Hardwicke y la segunda de Andy Cheng, con personal externo contratado para realizar las prendas a medida. «Cada producción es diferente

—afirma Chuck—, pero en ésta el diseño del vestuario ha sido una combinación de cosas que hemos comprado y cosas que nos han hecho».

Aun cuando la ropa era comprada, había que envejecerla para que pareciese usada y realista. Chuck contó con la ayuda de Janet Cadmus, que trabajó con la compañía de la ópera de Portland y es una experta en el envejecimiento del vestuario para que cuadre con el aire de un personaje. Muchas veces se elaboraba el vestuario en múltiplos para diferentes usos concretos, tales como los especialistas que necesitan conjuntos preparados para esconder los arneses u ofrecer puntos de sujeción para los vuelos con cables. Gran parte del trabajo se puso en marcha, dice Chuck, antes de que el equipo saliese hacia Portland, con pruebas en Los Ángeles que definían trajes especiales. El personaje de James (interpretado por Cam Gigandet), uno de los vampiros nómadas que van a la caza de Bella, necesitaba una chaqueta de cuero más larga que no se levantase cuando él subía los brazos por encima de la cabeza al llevarle cable por el aire. Ésa se hizo en Hollywood y se convirtió en uno más de la marea de trajes especiales enviados a Portland durante el rodaje.

El vestuario debía reflejar la historia y la esencia de cada personaje, y convertirse en un órgano corporal más conforme los actores le iban dando vida. «Para mí había tres mundos: el de Bella, que incluye el instituto de Forks, el de los Cullen, y el de los indios quileute que vemos en La Push y en los personajes de [el anciano] Billy Black y su hijo, Jacob —observa Chuck—.

El actor Taylor Lautner muestra el encanto contagioso de Jacob Black.

«SE TRATABA DE UNA HISTORIA DE AMOR CON EL CONTRAPUNTO DE LA HISTORIA DE AVENTURAS».

Empiezo con una gama muy amplia y, conforme pasan las semanas, las cosas se van refinando con las elecciones de los actores y del resto de nosotros. La cuestión era mantenerse tan cerca del libro como fuese posible, y a todos se nos indujo a colaborar en el aspecto general. La idea global era que se trataba de una historia de amor con el contrapunto de la historia de aventuras. El esqueleto ya estaba ahí, se trataba de ir vistiéndolo y dándole vida. En el libro y en el guión había pistas de cómo hacerlo».

Aunque Bella en general viste vaqueros o pantalones de pana (con la excepción del traje

43

que lleva en el baile de promoción al final de la película), los conjuntos de Kristen Stewart reflejan la transformación de Isabella Swan según avanza la historia. «Bella empieza como el estilo de un chico, con colores cálidos, terrosos —explica Chuck—. Es del suroeste y su madre tiene algo de hippie, y eso es lo que ella refleja, con un aspecto ecléctico y ciertos toques divertidos de joyería: igual que su armario, ella no encaja con el resto de los chicos del instituto. Ha llegado de Arizona con cuatro cosas, así que no viste de forma apropiada para el clima frío y húmedo de Forks, un mundo distinto del que ella conoce. Un pequeño antecedente es cuando Bella encuentra una chaqueta en casa de su padre, el típico abrigo viejo. «Cuando se enamora de Edward y se integra en el mundo de los Cullen, su gama tiende a colores más frescos; su ropa es un poco más suave y romántica, menos masculina».

El peinado de Stewart reflejaba asimismo otras partes de la historia. «Empiezo con un guión y lo descompongo, y pregunto qué se necesita en cada escena —añade Mary Ann Valdes—. La película no se rueda de forma secuencial, así que tenemos que lograr que todo encaje. Es posible que ruedes una escena interior y después, tres semanas más tarde, rueden los exteriores de la misma escena, de modo que mi equipo y yo tomamos notas y fotos; llevamos un cuaderno de continuidad. También necesitamos los mismos peinados y pelucas para los dobles».

Antes que nada, Valdes había mirado fotos de Stewart en Internet, para hacerse una idea de cómo era su pelo. Cuando la actriz llegó a *Crepúsculo*, tenía el pelo de color rojo claro con rayas negras de su anterior película, así que el primer paso era darle un tinte de un «castaño intenso, cálido», que

> «CUANDO SE ENAMORA DE EDWARD Y SE INTEGRA EN EL MUNDO DE LOS CULLEN, SU GAMA TIENDE A COLORES MÁS FRESCOS; SU ROPA ES UN POCO MÁS SUAVE Y ROMÁNTICA, MENOS MASCULINA».

es como la jefa de peluquería describe el color del pelo de Bella. El tipo de peinado venía marcado por el interés de producción: dado que Stewart era aún menor de edad y tenía un tope de horas de trabajo diarias, cuanto menos tardase en tener el pelo listo, más tiempo tenía para estar delante de la cámara. «Para Kristen se me ocurrió usar una peluca de tres cuartos —explica Valdes—. Podíamos utilizar su propio flequillo y poner la peluca con forma de diadema alrededor de la coronilla y por detrás de aquél [y caer hacia atrás]. Yo podía plancharla por la noche y cuando Kristen venía por la mañana, todo cuanto debía hacerle era el flequillo, que me llevaba de quince a veinte minutos, en lugar de la media hora o tres cuartos de secador y moldeador con su pelo. Le di a la peluca mayor longitud y volumen por la preocupación de que se levantase debido al mal tiempo. Victoria Wood hizo todas las pelucas de la película; todas con pelo natural, humano».

Charlie Swan, padre de Bella y jefe de policía de Forks (Billy Burke), debía parecer «un padre corriente de la zona noroeste», dice Wendy Chuck. Como suele pasar, el actor hizo sugerencias sobre las prendas que ayudarían a su personaje. Charlie ve deportes por televisión con Billy Black, así que Burke preguntó si se podría conseguir permiso para que llevase *merchandising* de los equipos profesionales del Estado de Washington. Finalmente lograron las autorizaciones para que Charlie se pusiera una gorra y una camiseta de los Seattle Mariners.

Producción decidió usar para él un uniforme real de la policía de Forks, que llegó dos días antes de las pruebas, y resultó ser claro y de tela de alta

Charlie Swan (Billy Burke, centro), presenta a su hija Bella (Stewart) a Billy (Gil Birmingham) y Jacob Black (Taylor Lautner).

«La idea del diseño de producción es crear el ambiente, evocar emociones y situar los personajes en sus lugares, evocar su historia a través de los aspectos visuales del film. En esta película tuvimos la suerte de disponer de una cierta base real y que los vampiros habitasen en lugares reales. Intentamos reproducir o recrear lugares para que la gente tenga la sensación de estar en Arizona o en Forks, Washington».

IAN PHILLIPS

tecnología: no parecía el uniforme de un policía de pueblo, así que Chuck «lo retocó» con una chaqueta de policía del tradicional azul marino. El resto del conjunto de Charlie fue relativamente simple. «Encontré la mayor parte de su ropa en tiendas de segunda mano. El actor me dijo que pensaba que cuando Charlie estaba fuera de servicio se alejaba del uniforme lo máximo posible. No tiene dobles, así que sólo requería una prenda de cada. Unos vaqueros, una camisa de cuadros de franela sobre una camiseta y siempre llevaba unas botas cómodas y prácticas».

La imagen de la película venía marcada por el departamento artístico, que buscaba darle vida a la visión de la directora. «Comenzó con una charla con Catherine sobre un personaje —explica el director artístico, Ian Phillips—. Por ejemplo, debatimos sobre cómo había transcurrido la vida de Charlie y cuál era su sitio en cuanto a las localizaciones, si vivía en el pueblo o fuera de él. El departamento de localización traía entonces las

fotografías de los exteriores y nosotros íbamos a verlas in situ. Después de haber encontrado una localización [interior], yo la medía y hacía un plano de la planta y disponía los muebles en el set para que los actores pudiesen moverse con fluidez por el espacio. Tras el plano, dibujábamos bocetos de todo el ambiente del set. Aquello se pasaba al diseñador de ambientación, que en este caso era Gene Serdena, y él se encargaría de ir a buscar los elementos para vestir el decorado».

En los sets, ya fuesen lugares preexistentes modificados para adaptarlos a la historia o levantados en un estudio por el departamento de construcción de producción, todo había de parecer habitado por gente real y encajar en un mundo diseñado que incluía un estilo visual y unos colores. «Todos los elementos físicos son cosa mía —explica Serdena—. Empezamos con suelos, paredes, instalaciones, luces, muebles, cortinas y llegamos hasta detalles como las notas que los personajes pinchan en los tablones, la selección de libros en un

46

estante o lo que hay en un cajón. El concepto visual y los colores tienen que haber sido desarrollados [por el diseñador de producción y el departamento artístico] con antelación. Yo lo tomo y lo aplico».

«Intentamos replicar y poner en contraste el dinamismo de Arizona con Washington —añade Phillips—. Washington es exuberante, verde e intenso, y Forks es un pueblo pequeño, por eso queríamos un estilo muy simple, con un montón de edificios más antiguos y su calle principal, pequeña y pintoresca, un lugar en el que los vampiros se pudieran esconder sin que la gente lo supiese. Buscábamos el aire de un pueblo pequeño que encajase en el encuadre de la cámara, el verdadero Forks tiene una calle principal ancha».

El Forks de la película se rodó en Vernonia, Oregón. El interior y exterior de la casa de Bella en St. Helens, que también se usó para las localizaciones de Port Angeles: el interior de la tienda de ropa, el exterior de la librería y el interior y exterior del restaurante. «Forks y Vernonia están en las montañas y rodeadas de bosques —dice Phillips—. St. Helens es como si estuviera en un

llano y pudimos crear los interiores de la librería y la tienda de ropa de la novela».

No se empleó Vernonia para los interiores, explica Phillips, porque el pueblo se había inundado durante una tormenta con vientos huracanados en noviembre de 2007. La excepción fue el edificio de un antiguo banco, lo bastante alto para librarse de los daños del agua, y que se usó para los interiores de la comisaría. Cuando Phillips visitó el interior de los edificios aún se veía una marca del agua a medio metro del suelo. «Vernonia es un pueblo maderero, probablemente de finales del siglo XIX o principios del XX —dice Phillips—. La industria maderera, claro, equivalía a la de Washington. St. Helens se usó también para el rodaje de Port Angeles, donde Edward y Bella van a cenar, porque esta última es una ciudad portuaria y St. Helens se asienta sobre un río. Muchas escenas de Port Angeles transcurren de noche, así que sólo necesitábamos los reflejos del agua opuestos a la vista del pueblo. También debía tener un contraste con Vernonia».

La casa de Charlie, que será la de Bella, era una de las principales localizaciones tanto de set

Bella y Charlie se encuentran en el exterior de su casa, en la calle bien mojada por la lluvia.

interior como exterior (Gene Serdena calcula entre cincuenta y sesenta sets distintos. De ellos, unos veinticinco eran lugares reales, adaptados para la filmación por el departamento artístico, pintura, carpintería y otros departamentos). En el reconocimiento de las localizaciones se había descubierto una casa en Carver, un pueblo de las afueras de Portland, que parecía perfecta para Charlie, un lugar envejecido por las inclemencias del tiempo, con maleza de vides secas en un lateral y un tejado cubierto de musgo de color esmeralda. «Nos enamoramos de aquella casa —recuerda Phillips—. Para Charlie queríamos una casa que hubiera sido un verdadero hogar y en la que tras su divorcio ha estado viviendo solo una buena temporada. Es un padre maduro y ha tenido una familia [antes del divorcio], así que no es la típica casa de soltero. Además, es funcionario, por lo que no dispone de mucho dinero. La casa que se encontró satisfacía también [la exigencia de la historia de] que vivía fuera del pueblo, pero no se pudo usar por ciertos problemas estructurales».

Producción se decantó por una casa que Hardwicke había localizado en su primera visita a St. Helens. Tenía un aspecto más convencional pero, según Serdena, le iba mejor al personaje. «Teníamos que desarrollar ciertos aspectos del personaje con la arquitectura de aquel espacio. Con la casa queríamos desarrollar la idea

«SEGÚN BELLA SE INSTALABA Y REGRESÁBAMOS A SU HABITACIÓN, CATHERINE QUERÍA TENER IMÁGENES CLARAS DEL PROGRESO, COMO SI BELLA FUESE AÑADIENDO MÁS TOQUES PERSONALES».

de que Charlie era un hombre sumergido en su trabajo, un hombre que pone proyectos en marcha y no presta, necesariamente, atención a la situación de su casa. Le dije a Catherine que pensaba que Charlie sería de esos que nunca se sientan a comer en la mesa del comedor, sino donde están liados con las facturas o limpiando un carburador. Le gustó la idea e intentamos desarrollar el personaje dentro de la casa usando todos los espacios que se pueden ver.

»Pienso que el atractivo de la primera casa era que el exterior cuadraba con un buen número de condiciones intrínsecas de la narración, como permitir al personaje asomarse a la ventana y sentir que Forks era un lugar remoto y exótico —añade Serdena—, y el exterior habría sido genial para la fotografía, pero estaba destartalada, algo abandonada, con un aire muy concreto. Tenía un nivel de dejadez que invitaba a juzgar a Charlie, pues sabemos que es un divorciado que está solo, insinuaba que su vida se derrumbaba, como si fuera un vago. La segunda casa resultaba más convencional, pero el espacio físico alteraba la forma de ver el personaje. Fue interesante que acabase siendo mejor soporte del mismo que la primera».

En última instancia, con un set se trata de transmitir el carácter. A modo de ejemplo, Serdena menciona un escritorio que Charlie compra para la habitación de Bella. Un detalle en

«A menudo siento que el enfoque de mi trabajo es similar al de un actor cuando evoluciona un personaje. Es una habilidad que he tenido que desarrollar con el paso de los años. Cuando era nuevo en esto, pensaba que iba de diseño puro y de interiores con una estética agradable. Según he ido creciendo en mi carrera, mi percepción y mis preocupaciones han cambiado para anclarse de un modo específico en el personaje. En las etapas iniciales de un diseño tengo verdaderos debates y el guión resulta como una especie de Biblia para satisfacer las condiciones de la historia. Cuando le doy la primera pasada, lo analizo. Puede decir: "Ella cruza la habitación y se sienta en una silla, enciende una lámpara y levanta el auricular del teléfono". Como diseñador de ambientación, tienes que conseguir todas esas cosas, pero también otras, y leer entre líneas. Algunas historias te ofrecen mucho para poder entender un personaje. Has de valerte de ese algo interior para imaginarte de qué va un personaje. Es un proceso absolutamente evolutivo».

GENE SERDENA

apariencia menor que decía mucho de Charlie, y a partir de ahí, el espacio vital de la protagonista evolucionó a lo largo de la historia. «Quizá su padre ha hecho un modesto intento por mejorar la habitación con un escritorio nuevo. Y, ¿dónde consigues un escritorio cuando eres el jefe de policía de un remoto pueblo del norte del Estado de Washington? Probablemente Charlie habría ido a Seattle y a un Staples o un Office Max; no sería un mueble antiguo, un secreter.

»Según Bella se instalaba y regresábamos a su habitación, Catherine quería tener imágenes claras del progreso, como si Bella fuese añadiendo más toques personales —añade Serdena—. Un toque que añadimos fue la idea de que cuando Bella era pequeña y sus padres aún estaban casados, su madre y ella habían hecho juntas trabajos de plástica y pintura. Hice una serie de banderas con papel de colores que juega con la idea de que son demasiado complicadas para una niña sola, que las hizo con su madre, y así van apareciendo. Es del todo subliminal, puro antecedente».

El cuarto de Bella, añade Serena, era uno de «esos espacios en evolución» que representan una dificultad logística y de continuidad. Al director de fotografía le preocupaba especialmente porque Edward visitaría allí a Bella, así que el ambiente debía ser romántico en la forma en que la luz se filtraba en la habitación. También

se eligió el cuarto de Bella como *cover set*, un decorado que se construye, se desmonta y se transporta a una localización donde se monta, se pinta y se viste. La habitación de Bella se creó y después se duplicaría directamente en una de las otras localizaciones. Se midió la seleccionada en St. Helens como cuarto de Bella. El decorado se duplicó en una nave en el remoto cañón del Columbia donde se estaban rodando unos exteriores. En lugar de esperar a que pasase el mal tiempo, el equipo podía cambiar y rodar las escenas de interior del cuarto de Bella.

«Los plazos aceptables eran muy cortos, por eso necesitábamos listos los *cover sets*: al final, la meta era no perder tiempo —dice Serdena—. Las escenas del cuarto de Bella cambiaban de tomas interiores a tomas exteriores de ella mirando por la ventana en el set de la casa de Charlie, y se volvía al *cover set* en el cañón del Columbia. Por la secuencia del rodaje, calcularlo todo supuso una pesadilla logística. Básicamente, hay tres versiones del cuarto de Bella en el transcurso del film [que reflejan su evolución]. Lo que hice fue decorarlo como al principio, a medio camino y al final, fotografié cada uno y lo devolví a la etapa inicial donde empezamos el rodaje».

El equipo de decoración de Gene Serdena incluía su habitual trío de Los Ángeles y gente de Portland que le daba pistas muy valiosas

Forks es un lugar extraño para una chica del área metropolitana de Phoenix.

Kalama High School hace de instituto de Forks, hogar de los Spartans.

sobre dónde conseguir las cosas: desde algún tipo de maquinaria vieja hasta unas cañas de pescar. Serdena también hizo un viaje de preproducción a las localizaciones para ver qué atrezo podría encontrar, despés alquiló en Los Ángeles lo que pensó que necesitaría y lo envió a un almacén en Portland. Aunque se hallaba lejos del entorno controlado de un estudio de Hollywood, Serdena aceptó bien las dificultades de trabajar en las localizaciones. «La verdad es que para mí casi siempre resulta más interesante trabajar de este modo. Una localización sugiere cosas; transmite sensaciones. Lo imperfecto de una localización tiende a ser más interesante y es más difícil de conseguir para un decorado. Es casi imposible, por ejemplo, lograr el aspecto de unas cortinas viejas que no quedan muy bien pero llevan treinta años en la casa, [y el resto de] soluciones de diseño que se le ocurre a cada uno en su propio hogar».

En la novela, Forks es un lugar extraño para una chica del área metropolitana de Phoenix: demasiado húmedo, verde y pequeño, lejos del calor del valle y de la descontrolada expansión urbana que ella deja atrás. Consigue un coche gracias a Billy, el amigo de Charlie, pero es tan alegre como el tiempo. «La camioneta de Bella tenía que dar la sensación de haber estado a la intemperie, bajo la lluvia y el mal tiempo —dice Ian Phillips, cuyo trabajo incluía pensar en los vehículos apropiados para los personajes—. Partimos de una pintura nueva y nuestro equipo retocó el acabado para que pareciese oxidada, como una camioneta vieja».

Aun en la distancia, el pueblo colaboró con el equipo de la película. El director del instituto de Forks facilitó a producción muestras de los letreros, logotipos y anuarios del centro. La versión de la película estaba compuesta de diferentes lugares y debía rodarse sin fisuras y editarse para unirlo y conseguir la ilusión de que es un único sitio. «Se trata de encontrar espacios que te permitan fotografiar algo y crear el ambiente concreto que quieres —apunta Serdena—. Por suerte, el diligente trabajo del supervisor de localizaciones nos ofreció un instituto que es una amalgama de otros, y así se hace una película, tomando varios institutos distintos y creando un montaje que da paso al instituto de Forks en la ficción».

El instituto que Hardwicke visitó en Forks contaba con un ala nueva, grande y moderna unida a la parte antigua, que tiene un pequeño edificio de ladrillo. Producción se fijó en la parte vieja al intentar evocar el verdadero instituto de Forks. «Encontramos un edificio de ladrillo muy parecido al antiguo de Forks, a unas tres o cuatro horas de coche de allí, en el instituto de Kalama, Washington —recuerda Hardwicke—. También rodamos en el instituto Madison de Portland porque nos resultaba más fácil; había ventanas donde poner luces y otras cuestiones prácticas».

La llegada de Bella al instituto elevó el alumnado a trescientos cincuenta y ocho, nada que ver con los tres mil alumnos de su antiguo centro. Todos los estudiantes de Forks se conocen, es un pueblo pequeño, y Bella se siente como una extraña,

«No es Manhattan ni Beverly Hills, pero tampoco es que los chicos de Forks sean de Podunk, es un Estados Unidos más genérico. El fenómeno de Internet ha cambiado estos pueblos pequeños. Los chicos compran por Internet, aunque su ropa sea apropiada para el clima. Lo que me sorprendió [en Oregón] es que llevan sudaderas con capucha y vaqueros, pero casi nunca un impermeable. Se mojan y se resguardan bajo techo. Me pareció que era un poco diferente. Yo no habría sacado eso de la investigación, nuestros extras vinieron y no llevaban impermeable. No les pregunté pero supongo que no lo consideraban de moda. No iba muy bien y tuve que darle a su vestuario un poco más de ambiente de lo que quería».

*Jasper Hale (Jackson Rathbone)
observa mientras Bella (Stewart)
habla con Alice Cullen (Ashley
Greene) y Edward (Pattinson).*

«Lo que guió toda la cuestión visual fue la relación entre Bella y Edward. En el instituto intentamos rodar de un modo muy íntimo. Se trataba de cómo se miraban, cómo reparaban el uno en el otro. Eran tomas muy complicadas, recorriendo la gente, como cuando ves a alguien y te sientes atraído, ¿en qué te has fijado? ¿Son sus ojos, el pelo de la nuca, sus delicados dedos, la forma de la boca? Lo que intentamos conseguir es la primera impresión».

ELLIOT DAVIS

*La diseñadora de vestuario Wendy
Chuck (derecha) y Catherine
Hardwicke (centro) visten a
Ashley (Alice).*

pero enseguida hace amigos e incluso caza la mirada de alguno de sus compañeros de clase. Es en el almuerzo cuando ve a los Cullen por primera vez, sentados solos, en silencio y con la comida intacta en las bandejas. Se entera de sus nombres: Jasper y Rosalie Hale, Edward, Emmett y Alice Cullen, los hijos adoptivos del doctor Carlisle Cullen y su esposa, Esme. Bella se siente curiosamente atraída por Edward, de diecisiete años.

Bella y Edward descubren que comparten mesa en clase de Biología. Gene Serdena agradece la ayuda del departamento de Biología de la Universidad de Oregón en Portland (UOP), a la hora de crear el ambiente apropiado para el programa del instituto de un pueblo pequeño. La clase de Biología se creó en un aula de periodismo del instituto Madison de Portland y se decoró con elementos traídos de un archivo de la UOP entre los que había esqueletos, una rama retorcida con un avispero seco, una lechuza disecada, animales descompuestos y criaturas anfibias suspendidas en líquidos gelatinosos. El aula tenía el aire de un instituto de pueblo, hasta las anticuadas mesas de laboratorio con el tablero de pizarra que dispuso el equipo de producción. «No queríamos que el material de la clase fuera de última generación —cuenta Serdena—. No había experimentos de química borboteando en el fondo; lo dejamos todo con un aspecto muy integrado. También le dije a Catherine que debía haber un cierto romanticismo en el aula, que debíamos introducir algo pintoresco, como unas flores, porque la clase de Biología es donde Edward y Bella se enamoran».

> **BELLA SE SIENTE EXTRAÑAMENTE ATRAÍDA POR EDWARD, DE DIECISIETE AÑOS.**

Elliot Davis (director de fotografía, centro) con Kristen y Rob en el set de la clase de Biología.

Secretos de vampiro

En una escena de flashback, Carlisle (Facinelli) junto al lecho de muerte de Edward (Pattinson) durante la epidemia de gripe.

Bella advierte algo raro y diferente en Edward y los Cullen e intenta descubrir su secreto. «En *Crepúsculo,* Bella trata de descubrir quién o qué es Edward —explica Hardwicke—. En una secuencia mostramos imágenes y descripciones de algunas de las más oscuras leyendas vampíricas. Ella investiga los diversos mitos sobre vampiros y se percata de que las descripciones coinciden con lo que sabe de Edward, desentrañando el misterio».

Edward muestra por fin a Bella su condición de vampiro durante lo que el equipo llamó «la revelación», la escena que contiene la esencia de *Crepúsculo,* la que soñó Stephenie Meyer, aquella conversación intensa entre una chica y un vampiro en una pradera. Es allí donde Edward exhibe su seductora fuerza de depredador para atraer a su víctima potencial a un lugar deshabitado donde ella no puede hacer nada para evitar que la tome. «Él dice: "¡Yo nunca tuve más deseos que tú de matar a un ser humano!" —afirma Hardwicke—. Ésa es la cuestión, ella le ama y él es un asesino. Edward siente un gran conflicto interior, confusión e inquietud, no desea ser un monstruo; y luego, en esta total desesperación, se enamora de su alma gemela y comienza a ver la esperanza y una oportunidad de que la vida sea mejor. Stephenie dotó de muchas contradicciones a este personaje y eso es lo que atrajo a Robert Pattinson hacia el papel».

En la historia de Meyer, Edward Cullen nació en Chicago en 1901. Tenía diecisiete años cuando cayó enfermo y lo llevaron al hospital, a punto de engrosar las estadísticas de la epidemia de gripe española. Un médico vampiro llamado Carlisle Cullen le salvó convirtiéndole en uno de los suyos: el primero de otros a los que salvaría

En otra escena de flashback, *el doctor Carlisle Cullen (Peter Facinelli) transforma a su futura esposa, Esme (Elizabeth Reaser), salvándola de una muerte segura.*

de igual modo. Pattinson hizo también su propio trabajo de investigación para meterse en la cabeza de Edward, recuerda la directora, incluyendo la redacción de unas dolorosas cartas a su padre vampiro en las que le pregunta: «¿Por qué me convertiste, *por qué me transformaste?*».

«Rob Pattinson hizo un gran esfuerzo personal para crear un personaje que lleva un siglo emocionalmente muerto y al que Bella despierta —recuerda Wyck Godfrey—. Ideó para su personaje toda una vida que iba mucho más allá de su deber. Había que tener delicadeza a su alrededor, porque se te hacía un lugar oscuro y triste. Catherine, y todo el mundo, dejó [a Pattinson y Stewart] espacio para estas escenas tan íntimas. Ahí estaba esa sufrida y adictiva cualidad suya con el deseo, básicamente, de alcanzar y matar a Bella, un impulso que combate cada instante que pasa con ella. Rob interpretó la tortura del personaje, la metáfora del amor adolescente: duele, es grandioso y enloquecedor. Aportó ese elemento, se obsesiona con ella, del mismo modo que ella con él».

La verosimilitud de la producción incluía un enfoque realista de los vampiros. «No tienen colmillos ni se convierten en murciélagos, te encuentras vampiros por el instituto, lo que en y de por sí es parte del encanto del libro —añade Godfrey—. Stephenie Meyer te hacía sentir que estas cosas eran reales y debíamos asegurarnos de conseguirlo, de que seguíamos la metodología correcta para mostrar cosas sobrenaturales de modo que pareciesen reales. Si usábamos cables, teníamos que hacer que los actores [y los dobles] no pareciesen colgados de ellos. Debía ser fluido y creíble. No hay rostros que se conviertan en demonios; no filmamos a los actores en una pantalla verde y creamos después su entorno. Teníamos decorados naturales y lo hicimos a la antigua usanza; había gente de verdad saltando de los árboles y atravesando paredes de cristal. Fue una elección muy consciente».

En diciembre de 2007, tres meses antes del rodaje de *Crepúsculo,* el equipo de efectos visuales de Richard Kidd, el de especialistas de Andy Cheng y la unidad de efectos especiales de Andy Weder se reunieron en un bosque de las afueras de Los Ángeles para probar cámaras, equipo y arreglos y decidir los efectos que se podían hacer físicamente (o «en cámara») y cuáles había que potenciar con el trabajo digital de postproducción. El I+D incluyó pruebas de posibles cámaras y equipo para una importante secuencia apodada «el partido de béisbol de los vampiros». Para los efectos a cámara lenta del mismo, se probó con una cámara digital en HD de alta velocidad, capaz de rodar hasta mil fotogramas por segundo (f.p.s.), apunta Kidd (en la filmación del movimiento, cuanto más alto es el índice de fotogramas por encima de veinticuatro por segundo —el mejor para transmitir el movimiento y su desenfoque—, más lento aparece cuando se proyecta a velocidad normal). «No usamos cámaras digitales cuando empezó el verdadero rodaje, sino que aquel trabajo de preproducción nos permitió desarrollar las tomas a cámara lenta que queríamos como técnicas realistas», añade Kidd.

Los frutos de la investigación en cámara lenta incluyeron un equipo que se conoce como «Crazy Horse» por una película en la que se empleó. «El Crazy Horse consiste, básicamente, en dos cámaras normales montadas una sobre la otra para que se compensen —explica Kidd—. Ambas filman a través de un espejo con un difusor de haz de luz, de forma que según ésta entra directa a una cámara, se refleja con el espejo y se vuelve a poner derecha camino de la segunda. Esto nos permite tomar dos imágenes, casi en el mismo ángulo, de la misma escena exacta. La ventaja era que podíamos rodar con una cámara a 24 f.p.s., y con la otra a 144 f.p.s., para el efecto de cámara lenta. Después, en postproducción, podíamos editar

Hardwicke dirige a Pattinson durante las escenas de la confrontación final, en el estudio de ballet.

Emmett (Lutz), Alice (Greene), y Jasper (Rathbone) se introducen de un salto en la lucha del estudio de ballet.

«Los vampiros no vuelan, pero saltan y corren más que un humano. Ocho personas instalan los sistemas de contrapesos, luego le pones un arnés con un cable al actor y le haces correr o que tiren de él. Andy Cheng es fantástico y divertido, creó todas esas escenas increíbles con los especialistas. Fue el doble de Jackie Chan durante diez años, en la serie de *Hora punta*, y tuvo un montón de ideas muy creativas. Los vampiros no son expertos en artes marciales, pero pudimos adaptar algunas de las técnicas que usan en esas maravillosas películas [de Hong Kong] para que nos sirviesen».

CATHERINE HARDWICKE

y cortar sin saltos de velocidad normal a velocidad lenta de la misma toma».

Si se empleaban imágenes generadas por ordenador, no sería para crear un doble digital o todo un mundo virtual, sino para realzar de forma sutil la acción y el entorno. El enfoque basado en lo real fue también una respuesta a un interés creciente del público por ver escenas sin el adorno de los efectos digitales. «Yo creo que se nota; si se hace en cámara, recibes un chorro de energía visceral —dice Godfrey—. Siempre tendremos esas locuras de películas *high concept* sobrenaturales donde se fuerza la realidad, como *Matrix* y *Wanted (Se busca)*. Pero, si la premisa de la película es hacer que el público sienta que estas cosas son reales, es mejor que ruedes con una metodología realista en lugar de crear un artificio».

Godfrey cita la serie de *Bourne,* donde Matt Damon interpreta a un asesino entrenado para ser una verdadera máquina de matar y que sufre amnesia, como un ejemplo de película de éxito que no necesitó que la inflasen digitalmente. El propio Damon interpreta las escenas de lucha, y las explosiones y los accidentes de coche y otras escenas con especialistas tienen lugar frente a la cámara. El precedente de Bourne lo menciona también el coordinador de especialistas y director de la segunda unidad, Andy Cheng, cuyas raíces cinematográficas se hallan en un mundo de rodaje duro que ha hecho siempre las cosas «de verdad». En *Crepúsculo,* Cheng trae el estilo de Hong Kong al mundo de los vampiros.

> « YO CREO QUE SE NOTA; SI SE HACE EN CÁMARA, RECIBES UN CHORRO DE ENERGÍA VISCERAL ».

En ese «estilo de Hong Kong», el actor protagonista interpreta las escenas complejas de lucha y un doble le sustituye sólo para intervenir en el desenlace que requiere un peligroso trabajo de especialistas. Andy Cheng ve en *Matrix* un avance en la adaptación del estilo de Hong Kong: tiene mucho kung-fu y el protagonista, Keanu Reeves, interviene en las peleas (aunque también incluye una considerable cantidad de efectos digitales). El éxito de *Matrix* cambió la percepción de la industria americana y fue su billete para Hollywood, cree Cheng.

«Me trasladé a Estados Unidos hace siete años y llegué con un montón de ideas sobre cómo combinar los estilos de Hong Kong y Hollywood —recuerda—. La diferencia es que en el cine de Hong Kong hay luchas [de artes marciales] ¡y una sola escena puede durar veinte minutos! En Hollywood existe lo que llamamos el "estilo cowboy", como que haya un puñetazo y que después quizá le rompan una silla a alguien en la cabeza, básicamente un puñetazo y después un especialista, sin mucha coreografía. Pero ha cambiado en los últimos cinco años [en Estados Unidos] hasta ver a Matt Damon en *El caso Bourne* haciendo una toma larga de una pelea coreografiada».

El camino de Cheng hasta Hollywood comenzó en Hong Kong a los doce años. Había ido a ver *Armas invencibles,* un *thriller* de acción de 1985 dirigido y protagonizado por Jackie Chan en el papel de un policía poco convencional de Hong Kong. En la película se había torcido una escena de especialistas: un autobús secuestrado de dos pisos da un frenazo delante de Chan y un coche cruzado, y tres especialistas salen despedidos por las ventanas del autobús pero no caen sobre el coche que iba a amortiguar su caída, sino sobre el asfalto. La escena no sólo motivó a un sorprendido Cheng para convertirse en especialista, sino que lo conmovió al reconocer que se había rodado en su barrio. Cheng llegaría a hacer de doble de su héroe de la pantalla, Jackie Chan, y además, éste se lo llevaría consigo a Estados Unidos con las películas de *Hora punta*.

Su sueño de convertirse en especialista del cine de Hong Kong implicaba el aprendizaje de artes marciales y comenzó por las formas chinas clásicas diseñadas según los movimientos de la grulla y el tigre. El kung-fu chino incide en las formas en solitario, así que para las luchas organizadas se inició en el arte coreano del taekwondo. Entre 1987 y 1992, Cheng dominó como campeón de taekwondo de la Hong Kong Black Belt Competition, y en 1991 ganó una medalla de bronce en los Juegos Asiáticos. Hacia 1989, aún formándose en los combates de competición, solicitó el ingreso en la academia de especialistas de la TVB, una de las cadenas de televisión de Hong Kong que siempre necesitaban contratar a dobles para los programas de acción, su producto estrella de la

> ## HARDWICKE Y CHENG COINCIDIERON EN QUE LOS VAMPIROS DE *Crepúsculo* SERÍAN MÁS PODEROSOS QUE LOS HUMANOS, PERO NO TENDRÍAN SUPERPODERES, COMO LOS X-MEN O SPIDERMAN.

Hardwicke trabaja las escenas de lucha con Kristen.

64

Emmett (Lutz), Alice (Greene), y Jasper (Rathbone) queman los restos de James, la forma definitiva de destruir a un vampiro.

oferta televisiva. Su duro entrenamiento incluía caídas, trampolines, cables, armas, movimientos de reacción y una amplia variedad de estilos en artes marciales. «Cuanto más hábil, más trabajo», recuerda Cheng. Por entonces era «una máquina de entrenar»: de día para ser especialista, de noche preparando las competiciones de artes marciales. Con un metro setenta de estatura y un tope de sesenta y tres kilos, rebajó a cincuenta y dos para bajar de categoría en la competición de taekwondo por medio del entrenamiento y una dieta diaria de seis galletas *cracker* divididas en tres comidas.

Para *Crepúsculo,* Cheng y su equipo de catorce a dieciséis personas (incluidos ocho operarios guiados por Kevin Chase) pensaron en los cables para las escenas de acción de los vampiros, pero antes de entrar al set, la directora y él habían de decidir «qué tipo de superpoderes tienen —dice Cheng—. Cuando vi a Catherine, le dije que teníamos que establecer lo que un vampiro podía hacer y lo que no, lo rápido que era capaz de correr y lo alto que era capaz de saltar».

La preocupación de Cheng era que habían de ser constantes, que una vez establecidos, no se podían cambiar. Hardwicke y Cheng coincidieron en que los vampiros de *Crepúsculo* serían más poderosos que los humanos, pero no tendrían superpoderes, como los X-Men o Spiderman.

Hardwicke y el equipo dirigen a Rob en una escena entre los árboles.

Los vampiros no volarían, pero tendrían una capacidad de salto extraordinaria. La fórmula básica de un salto era seis metros, la silueta de un vampiro con el aspecto de la propulsión de un atleta de salto de longitud, elevación y curva descendente.

«Es un movimiento controlado, igual que el de un gimnasta —afirma Hardwicke—. Los brazos no vuelan, controlan el cuerpo. Corren cinco veces más rápido [que un humano]; saltan y corren como un superatleta. También nos interesaba cómo se movían los vampiros, cuánto de sus instintos animales debería mostrarse y cómo transmitirlo. Estudiamos en vídeo el modo de cazar de leones, pumas y diversos animales depredadores. Teníamos en Portland a un coreógrafo llamado Dee Dee Anderson, que trabaja con el equipo de baloncesto de los Portland Trailblazers, y nos dio «clases de felino», con todo el mundo haciendo posturas de salto. No es que se vea mucho, se trata de algo sutil que daba consistencia al movimiento».

«SI LA PREMISA DE LA PELÍCULA ES HACER QUE EL PÚBLICO SIENTA QUE ESTAS COSAS SON REALES, ES MEJOR QUE RUEDES CON UNA METODOLOGÍA REALISTA EN LUGAR DE CREAR UN ARTIFICIO».

LA FÓRMULA BÁSICA DE UN SALTO ERAN SEIS
METROS, LA SILUETA DE UN VAMPIRO CON EL
ASPECTO DE LA PROPULSIÓN DE UN ATLETA
DE SALTO DE LONGITUD, ELEVACIÓN Y CURVA
DESCENDENTE.

*Rob y Kristen
disfrutando de una
escena con cables.*

«TAMBIÉN NOS INTERESABA CÓMO SE MOVÍAN LOS VAMPIROS, CUÁNTO DE SUS INSTINTOS ANIMALES DEBERÍA MOSTRARSE Y CÓMO TRANSMITIRLO».

«Estudiamos en vídeo el modo de cazar de leones, pumas y diversos animales depredadores».

El equipo de efectos especiales de Andy Weder incluía al supervisor de mecánica Michael Kay; a Chris Brenczewski y a Lawrence Decker compartiendo los deberes de responsabilidad en la primera unidad, con el responsable técnico Jeff Elliot; y Tyan Bardon y Dean Roberts rematando la parte técnica. Algunas de las ilusiones físicas que crearon eran de lo más simple: para la escena en que Bella resbala en el hielo, calentaron «cera de hielo» hasta los ciento cincuenta grados en una sartén normal y consiguieron un material que parecía hielo, pero en realidad era cera endurecida. Irónicamente, dadas las regulares contribuciones de la madre naturaleza, la unidad de efectos especiales tenía que introducir lluvia en algunas tomas para preservar la continuidad, por lo general regando el suelo con una manguera y varias veces con cabezales de ducha sobre pértigas de aluminio de tres metros y medio para rociar a los actores desde fuera del plano.

Los efectos especiales proporcionaron el ambiente a lo largo del film. «Se supone que estás en el Estado de Washington, así que utilizamos humo para dar un aire de bruma o neblina, para hacerlo todo más escalofriante —explica Weder—. Empleamos una técnica inventada por los ingleses hace quince años. Se llama "tubo plano", un tubo inflado de ciento ochenta metros de largo por treinta centímetros de diámetro, con agujeros y un ventilador con una máquina de humo detrás. Yo uso el humo líquido normal del teatro. ¡Cubrimos de humo una montaña entera! En la escena en que Edward se muestra a Bella, lo rodeamos de humo. Resulta fácil hacerlo en un estudio, donde lo puedes controlar todo. Pero al aire libre como estábamos, es siempre impredecible. Un viento excesivo se lo puede cargar y si es poco también, porque se queda en el sitio».

Weder cree que uno de los efectos «impresionantes» de su unidad tiene lugar en la escena del parking del instituto de Forks, cuando el alumno Tyler Crowley pierde el control de su monovolumen y va a embestir a Bella y a aplastarla contra su propia camioneta; Edward se lanza a su rescate y, con su increíble fortaleza física, detiene el vehículo descontrolado. Tuvo su riesgo, porque éste se dirigía contra los dos actores de verdad.

«El monovolumen iba sobre ruedecitas de treinta centímetros de diámetro y unos fuelles neumáticos que mantenían todo a unos dos centímetros y medio del suelo —explica Weder—. Hicimos un chasis de acero, cortamos el fondo del coche y montamos ahí las ruedas. Cuatro personas

En los escasos días de sol, las calles se regaban para mantener la continuidad.

lo empujaban como si se deslizase, y le pusimos dos cuerdas como "mecanismo del muerto" atadas a unos camiones fuera de plano. El "muerto" es un tope con un cable o una cuerda que detiene algo y evita que rebote. Los fuelles eran como los que se usan en el fondo de los camiones grandes, y teníamos un cable enganchado a la válvula para que, al pulsar un botón, se desinflasen en menos de un segundo, así el monovolumen caía sobre sus verdaderas ruedas».

Las cuerdas de seguridad del «muerto» paran en seco el vehículo, a centímetros de los actores, haciendo que parezca que lo ha detenido Edward con la mano y el brazo extendido y ha abollado la chapa. Para la falsa puerta se hicieron pruebas con diversos materiales, incluida una puerta de plomo de un milímetro y medio de grosor y otra de aluminio blando que le gustaba a Weder, pero la directora prefería una hecha de capas de papel de aluminio industrial, pegadas con adhesivo en *spray*. «Moldeamos el aluminio sobre la puerta de verdad para conseguir que la forma fuese perfecta —explica Weder—. Después abrimos un gran agujero en el centro, donde queríamos la abolladura, y lo tapamos con las láminas para que él pudiese empujar ahí y se doblasen».

En la película, claro está, no podían verse las cuerdas de seguridad del monovolumen. Para rematar el truco, el equipo de efectos visuales eliminó las cuerdas delatoras. Borrar cables no es tan atractivo como crear todo un entorno por ordenador, es básico en la era digital y permite que los efectos físicos y los especialistas consigan que sus ilusiones sean perfectas. Saber que algo se

«MOLDEAMOS EL ALUMINIO SOBRE LA PUERTA DE
VERDAD PARA CONSEGUIR QUE LA FORMA FUESE
PERFECTA», EXPLICA WEDER.

«DESPUÉS ABRIMOS UN GRAN AGUJERO EN EL
CENTRO, DONDE QUERÍAMOS LA ABOLLADURA,
Y LO TAPAMOS CON LAS LÁMINAS PARA QUE ÉL
PUDIESE EMPUJAR AHÍ Y SE DOBLASEN».

puede quitar después digitalmente ha permitido equipos y montajes más grandes y seguros.

Dado que *Crepúsculo* se rodó en película, el primer paso para eliminar los cables y para cualquier trabajo con efectos de ordenador consistía en digitalizarla (una vez terminado, el metraje digital se vuelve a pasar a película). Para eliminar un cable «fácil» puede bastar con una simple técnica de «pintar encima», es decir, se pinta sobre el cable o equipo utilizando la información del contenido visual de alrededor o, si el fotograma anterior no contiene el objeto extraño, con una técnica de «cortar y pegar» se puede tomar ese fotograma y reemplazarlo en el siguiente. En *Crepúsculo* hubo que eliminar cables de sitios poco habituales, como en una escena en la cafetería del instituto, donde Bella tira sin querer una manzana al suelo y Edward, hábilmente, la detiene con el zapato y, con un toque de malabarismo, hace que caiga en su mano. La manzana estaba en realidad unida a un hilo, como los que se usan para pescar, y se manejaba desde detrás de la cámara, pero dejó una línea delgada en la imagen que hubo que quitar digitalmente.

Para borrar las cuerdas de seguridad del vehículo sin control de Tyler hicieron falta medidas más contundentes. Había que reemplazar el monovolumen con una «plancha» completamente limpia, un viejo término de fotografía referido a las tomas del fondo utilizadas en un montaje fotográfico. En una película con muchos efectos especiales se prepara una plancha de filmación real para el posterior trabajo de montaje de efectos visuales justo antes de que rueden las cámaras. «En una toma de efectos visuales, se saca una plancha limpia quitando todo del plano y rodando el fondo de cuatro a diez segundos, lo que te da la altura

y los ángulos exactos de la toma que tienes que sustituir», dice Kidd. La dificultad de *Crepúsculo* era el enfoque «fluido y de documental» de la directora en la filmación, añade Kidd. «Asumimos que Catherine quería rodar al estilo documental, así que sabíamos que ninguna toma iba a tener una planificación como en un rodaje normal de efectos visuales, donde cada toma de efectos está milimetrada. Aunque conocíamos el guión, los escenarios y los bloques aproximados de rodaje, no sabíamos *con exactitud* dónde se iba a situar la cámara. Podía venir a diez centímetros del suelo o a metro y medio, y de ángulos diferentes. Para la sustitución de los cables se sacaron fotografías del monovolumen, el parking, las paredes del instituto y todo el entorno, así pudimos crear una imagen limpia en 2D y superponerla para eliminar el material no deseado. Dereck Sonnenburg hizo un gran trabajo con la plancha limpia en 2D».

Uno de los efectos visuales clave fue el «efecto centelleo» de la piel de Edward al brillar al sol cuando se muestra ante Bella. «Queríamos que Edward tuviese un aspecto magnífico, sorprendente y también algo aterrador —dice Hardwicke—. Fue un reto, porque hemos visto montones de efectos digitales y queríamos que el nuestro fuese único».

«Fue un efecto muy complicado —recuerda Kidd—. En el libro, la piel de Edward se describe como con diamantes incrustados, pero a continuación se define lisa como el mármol. De un modo literario suena hermoso, pero no se puede crear de forma literal: no se puede tener un aspecto brillante y facetado cuando, al tiempo, se supone que es liso. También debía parecer lisa sin dar la impresión de que tenía un problema

Jeanne Van Phue,
jefa de maquillaje,
retoca a Rob.

«No queríamos que el efecto del centelleo de Edward fuese cegador, como un diamante. Es el tipo de cosas que resulta fácil "ver" escrita, pero después hay que representar esas palabras de forma artística. A Bella le parece hermoso, pero a otra persona le puede asustar. Al propio Edward le repele. Dice: "Es la piel de un *asesino*"».

WYCK GODFREY

en la piel. Hicimos muchas pruebas con diversas compañías para la secuencia del centelleo, pero Catherine no lo veía claro. Entonces, ILM quedó disponible y se interesó por hacer el trabajo».

La escena requería dos componentes: una filmación real de los actores en la localización para la plancha del fondo y el efecto del centelleo añadido en postproducción. Sin embargo, faltaban dos semanas para la toma y la directora no había visto ninguna idea para el efecto que le emocionase. Bill George, el célebre supervisor de efectos visuales que capitaneó el trabajo de ILM en *Crepúsculo*, recuerda que producción «había hecho lo que tenía que hacer». Habían filmado una prueba antes del rodaje con un actor y habían ido probando efectos digitalmente, pero ninguno valía para la directora. Se acababa el tiempo y Hardwicke le dijo a ILM que si le gustaba el efecto lo rodaría en primer plano y si no, lo haría a través de la pradera.

«Se acercaba rápidamente la fecha del rodaje de la plancha y a ella le daba miedo, pues no sabía cómo quedaría el efecto ni cómo tratar la escena —recuerda Bill George—. Necesitaban saberlo porque aquello guiaría la secuencia. He trabajado en las películas de *Star Trek,* donde te encuentras con anomalías espaciales que pueden ser cualquier cosa: ¿qué aspecto tiene una ráfaga de energía? No tienes referencias, y yo vi esto como un problema similar. Quieres que la revelación de Edward parezca real y natural, es muy importante en el libro y en la película. Catherine no quería que pareciese algo salido de Las Vegas».

George voló desde la sede de ILM en San Francisco hasta Portland para hablar del aspecto con la directora y llevó consigo unas investigaciones que mostraban cómo ciertos peces y medusas reaccionaban con la luz y cambiaban de color. «Siempre me gusta observar al mundo natural más que las películas —afirma George—. Esto le proporcionó a Catherine una noción de las cosas que ocurren de manera natural, pero ninguna era *la suya*».

George recuerda que la directora ofreció algunas pistas sobre lo que buscaba. Además de un primer boceto que mostraba a Edward sobre un fondo negro, la directora seguía aludiendo a la inherente oscuridad del vampiro. «Catherine describió la oscura masculinidad del personaje. Dijo que si esta película se hubiera hecho hace treinta años, Edward no sería un vampiro sino un motero, y Bella se enamoraría de un motero descarriado».

> «CATHERINE DESCRIBIÓ LA OSCURA MASCULINIDAD DEL PERSONAJE. DIJO QUE SI ESTA PELÍCULA SE HUBIERA HECHO HACE TREINTA AÑOS, EDWARD NO SERÍA UN VAMPIRO SINO UN MOTERO, Y BELLA SE ENAMORARÍA DE UN MOTERO DESCARRIADO».

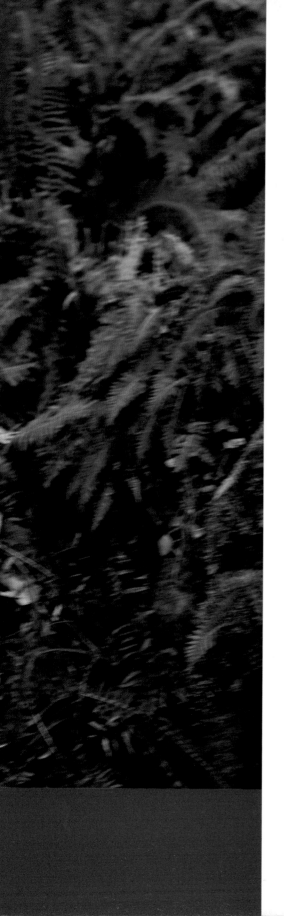

Hardwicke quería también ver una imagen animada, no una imagen fija, conceptual. Trabajando junto con Mark Casey en el Sabre System, una herramienta interactiva de procesamiento de imágenes digitales, George comenzó con un imagen fija de Robert Pattinson y generaron un efecto digital en movimiento sobre la imagen. «Tenemos esta animación de trocitos brillantes tratados como un prisma, un efecto óptico —explica—. Es el resultado de cómo la luz incide en él, más que generarla él. No está absorbiendo la luz, la está reflejando».

ILM presentó las pruebas a Hardwicke, que quedó aliviada. Había que refinar el aspecto pero iba en la dirección correcta. ILM desarrollaría el efecto final en postproducción y ella rodaría sus planchas en un primer plano. Pero antes de que pudieran rodar la escena al aire libre, el mal tiempo se llevó la pradera.

«Habíamos encontrado una pradera al pie del monte Hood que era preciosa, de ensueño, justo como se describe en el libro —recuerda Wyck Godfrey—. La escena estaba programada hacia el final del calendario de rodaje, cuando la primavera estuviese más cerca, y esperábamos un tiempo más suave, pero la temporada de nieve fue extrañamente larga y justo antes de rodar el sitio apareció cubierto por más de un metro de nieve. Teníamos sólo diez días para encontrar un lugar totalmente nuevo, así que nos entró la prisa».

Aquella primera pradera la localizó el *scout* Don Baldwin, recuerda James Lin. «Don la había encontrado para *Hacia rutas salvajes,* y la usaron, así que sabíamos que la localización valía. No era exactamente una pradera, sino más bien un claro entre los árboles que tenía una roca enorme a la que Edward se podía subir para mostrar a Bella el ser extraordinario que era. En fin, necesitábamos encontrar otro sitio y a veces más vale suerte que talento. Beth y yo estábamos comiendo en un restaurante a las afueras de Portland, rodeado por un terreno increíble que tenía rocas y que resultó ser propiedad de los dueños del restaurante. Le dije a Beth: "A ti te encanta explorar, cuéntame si ves algo que esté bien". Volví a la oficina y Beth me llamó seis horas después. Tenía trescientas fotos [digitales] y exclamaba: "¡Esto es lo que queremos!". Catherine se alegró tanto al oír que teníamos algo que quiso verlo enseguida, así que Beth le enseñó las fotos en un monitor hacia las diez y media de la noche».

Aunque el equipo de producción había conseguido un sitio para la escena, el mal tiempo que se había llevado el primero parecía a punto de costarles el segundo y llegaban al final del calendario de rodaje. Hardwicke recuerda: «Necesitábamos nubes durante las cuatro páginas de la escena, y cuando llegó el momento de rodar la revelación, nos cayó una tromba. Casi nos rendimos, pero la tromba paró y pudimos rodar con cielo nublado. Elliot Davis y el equipo de electricidad crearon el "sol" con un foco gigantesco».

«Eran cerca de las seis de la tarde y seguía lloviendo —recuerda Godfrey—. El pasarnos un día equivalía a destrozar el calendario porque nos hallábamos muy cerca del final. De pronto, cuando estábamos a punto de suspenderlo todo, los cielos se abrieron [sólo lo justo]. Tuvimos una hora para rodar la entrada de Rob y conseguir los diferentes ángulos que necesitábamos. Así

que algunas veces piensas que el tiempo está en tu contra, pero luego están esos momentos gloriosos en que piensas: "Esto ha tenido que ser intervención divina, porque sin ella estábamos perdidos"».

Rob disfruta de un sol escaso antes de rodar la escena de la revelación.

«DE PRONTO, CUANDO ESTÁBAMOS A PUNTO DE SUSPENDERLO TODO, LOS CIELOS SE ABRIERON

Los Cullen

De izquierda a derecha: Jasper Hale (Rathbone) y Alice Cullen (Greene), Rosalie Hale (Reed) y Emmett Cullen (Lutz), el doctor Carlisle Cullen (Facinelli) y Esme Cullen (Reaser) saludan a Edward (Pattinson) cuando trae a Bella (Stewart) a casa a conocer a su familia.

Rosalie (Reed), Carlisle (Facinelli) y Edward (Pattinson) se ven en el hospital.

Cruzando el puente sobre el río Calawah, por un tortuoso camino hacia el norte y en un profundo bosque ancestral, se encuentra el hogar de los vampiros. Bella dice de la casa de los Cullen que parece atemporal, una construcción que tenía «tres pisos de altura y era rectangular y bien proporcionada». Edward, al volante de la camioneta de Bella, se había vuelto hacia ella y había sonreído. «¿Te gusta?». Siguiendo la tradición, Edward la había llevado a su casa para que conociese a su familia[9].

Carlisle Cullen, fundador y patriarca de la familia, tiene un modo de pensar que va más allá de ser un vampiro «vegetariano»: cree que ellos no son monstruos sino una especie evolucionada. En consonancia con ese elevado punto de vista se halla el blasón de los Cullen, «como un escudo de armas que se identifica con la eternidad, el peligro y el valor», apunta Hardwicke. Wendy Chuck tuvo la idea del blasón familiar y realizó unos dibujos preliminares que finalizó la responsable de atrezo, Cynthia Nibler. Cada uno llevaba el blasón de una forma distinta, personal. Rosalie como una joya, en una cadena; Alice con una cinta alrededor del cuello; Edward, Jasper y Emmett lo llevan insertado en una banda de cuero como un brazalete, mientras que el doctor Cullen lo lleva en un anillo.

En preproducción, Wendy Chuck propuso a la directora que, en lugar del vestuario negro y oscuro del estereotipo del vampiro, ellos usasen el blanco y los colores claros. «A Catherine le encantó aquello, ir contra lo típico, pero teníamos que dar calidez a los blancos por el modo de procesado de la película en postproducción. Así que la idea tomó la forma de una gama de azules. En lugar de los blancos brillantes, tendió más hacia el crema o se tiñó de gris. Vimos que iba bien con el maquillaje; les hacía parecer más vampiros. Los personajes de los Cullen son muy diferentes entre sí. El azul oscuro le daba a Nikki Reed, que interpreta a Rosalie, un aspecto más desteñido a su piel aceitunada. Para Jasper (interpretado por Jackson Rathbone) mantuve una influencia sureña, con tejanos y botas de vaquero. Alice (Ashley Greene) tiene una buena colección de anillos y más accesorios. Lo que se dice de Esme (Elizabeth Reaser) la sitúa en los años treinta, así que su imagen habitual era una falda de tubo con la cintura alta y una blusa con volantes en el

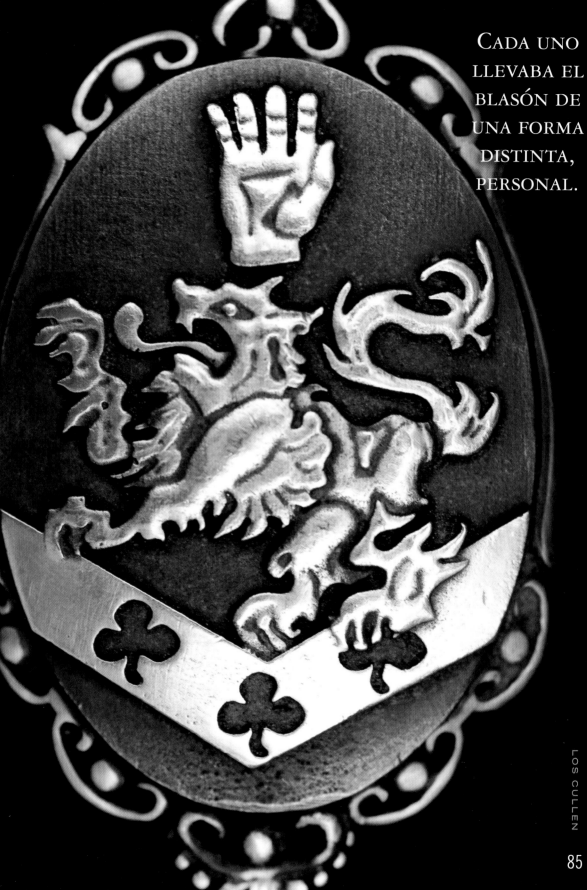

CADA UNO
LLEVABA EL
BLASÓN DE
UNA FORMA
DISTINTA,
PERSONAL.

LOS CULLEN

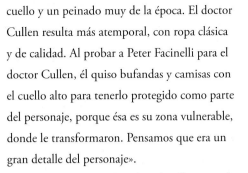

> «Para mí, el mundo de los Cullen es frío y oscuro. Con ellos, la cabeza se me iba a un lugar glacial, como cuando las cosas quedan atrapadas en el hielo. Para mí, su mundo siempre representó algo atrapado en el tiempo. He intentado reflejar eso [en su vestuario] en todo momento: que de algún modo sus vidas han estado atrapadas y encerradas. Hay mucho de eso en el libro y había que trasladarlo a la pantalla».
>
> WENDY CHUCK

cuello y un peinado muy de la época. El doctor Cullen resulta más atemporal, con ropa clásica y de calidad. Al probar a Peter Facinelli para el doctor Cullen, él quiso bufandas y camisas con el cuello alto para tenerlo protegido como parte del personaje, porque ésa es su zona vulnerable, donde le transformaron. Pensamos que era un gran detalle del personaje».

Para el vestuario de Edward Cullen, Wendy Chuck lo imaginó como un reflejo de la época eduardiana, los inicios del siglo xx, cuando el Edward mortal se transformó en vampiro. La idea original consistía en pantalones, camisas y chaquetas clásicas que evolucionaron a los vaqueros y un *look* más contemporáneo. «Una de las dificultades era que los Cullen se tenían que mezclar con el resto de alumnos —explica Chuck—. En el libro son como estrellas del rock, tienen dinero y llevan ropa cara; y van a clase. No podían parecer chocantes. Era cuestión del entallado y la silueta. Así, por ejemplo, a Rob le pusimos vaqueros rectos, camisetas y las clásicas botas de cordones. Todo evoluciona conforme trabajas un personaje. Catherine es una directora muy abierta y una fanática de los antecedentes».

El equipo de peluquería, dirigido por Mary Ann Valdes, siguió fielmente las descripciones de los personajes del libro. «Se dice que el pelo de Esme es castaño, y decidimos mantener el estilo años treinta y cuarenta. Parecía que todos los actores habían de tener su color opuesto. Jackson Rathbone tenía el pelo oscuro y rizado y debía ser rubio. Kellan Lutz (Emmett Cullen) lo tenía claro y hubo que oscurecerlo. Nikki lo tenía oscuro y debía ser rubia».

Maquillaje y estilismo no sólo se complementaban, sino que Valdes y Jeanne Van

«Al doctor Cullen se le describe rubio, casi como una estrella de cine, así que antes de que se eligiese a un actor, busqué fotos de estrellas clásicas del cine de los años treinta y cuarenta. Cuando se escogió a Peter Facinelli, le teñimos el pelo de rubio y le peinamos hacia atrás, ya que siempre se pasa la mano así por la cabeza. El pelo forma parte del personaje, pero se retoca en función de la toma. *Crepúsculo* es muy específico, porque el *look* sigue el libro. Sin embargo, no es distinto de una película de época, donde el pelo y la ropa tienen que ser específicos, pero dentro de eso te puedes encontrar con aristócratas o con gente del pueblo».

MARY ANN VALDES

Facinelli y Reaser muestran su estilo atemporal.

Hardwicke pasa consulta con el doctor Cullen.

Phue eran viejas amigas. «Hemos trabajado juntas en muchas películas —dice Valdes—. Gracias a Jeanne conocí a mi marido, cuando me pidió que fuese a Canadá a trabajar con ella en *Indian Summer* en 1992 [un estreno del 93]».

Para Jeanne Van Phue, que lleva veintiocho años «en el negocio», *Crepúsculo* marcó su regreso tras una pausa forzosa. Llevaba casi dos años sin trabajar por una seria lesión de rodilla provocada al tropezar con unos cables y caer mal en *Los amos de Dogtown*. «Ése fue mi último rodaje antes de *Crepúsculo* y lo echaba mucho de menos porque amo lo que hago —dice Van Phue—. Lloraba de aburrimiento. Nunca había estado tanto tiempo sin trabajar y eso me entristecía mucho».

Van Phue llegó a Los Ángeles desde Nueva York, donde había sido peluquera, pero las

Edward se encuentra con Bella en el instituto en uno de los pocos días soleados en Forks, Washington.

normas del sindicato le obligaron a escoger entre peinar y maquillar. Eligió la segunda, aunque afirma: «Adoro las dos. Con maquillaje puedes transformar a alguien, darle belleza a su aspecto; le puedes cambiar las cejas y hacer que sus ojos parezcan más grandes. En realidad, el maquillaje no se valora, no se da uno cuenta de que tapar una mancha o una decoloración es maquillar. Somos capaces de lograr que la gente parezca más guapa, mayor o tensa. ¡Todo eso hacemos! Y el peinado es una buena parte de la transformación. Es un esfuerzo conjunto».

Aunque Van Phue tenía el apoyo y la confianza de Hardwicke, había otros maquilladores detrás del puesto, tenía que ganarse su vuelta. Al principio, la única guía de la directora había sido no dar a los vampiros de *Crepúsculo* el típico aire pálido de muerto.

En ese momento ya estaban elegidos Kristen Stewart, Robert Pattinson y Nikki Reed, así que Van Phue usó fotos de los jóvenes como referencia durante una vertiginosa sesión de dos días de bocetos. Van Phue y Valdes desarrollaron sus ideas del maquillaje y peinados de los vampiros con la artista Kathy Shorkey: ésta elaboró una serie de ilustraciones y acuarelas que iban hasta el detalle de los penetrantes ojos negros con destellos rojos. «Quedaron increíbles, esos dibujos me dieron el trabajo —dice Van Phue—. Dimos con ello; no estaban demasiado pálidos».

Van Phue también proporcionó a Bella un tono pálido, igual que en el libro, acentuando la palidez de Stewart. Hubo semanas de pruebas con las tareas de maquillaje para dar vida a la idea que presentaban las ilustraciones. Van Phue experimentó con los tonos más claros de

«SUS OJOS SE DESCRIBEN COMO DE COLOR MIEL
O DORADOS —EXPLICA VAN PHUE—, PERO
CUANDO TIENEN HAMBRE SON MARRÓN OSCURO
Y NEGRO, NO SE DISTINGUEN LAS PUPILAS».

Los Cullen en la cafetería del instituto. Nótese que la comida permanece intacta.

las primeras marcas y evitó cualquier rastro de calidez. Elliot Davis rodó algunas pruebas y, recuerda Van Phue, daba su opinión («Parecen demasiado muertos», «Parecen demasiado humanos»). El estilo incluía unas lentillas creadas por Visioncare en Ventura, que Cristina P. Ceret pintó a mano una por una. «Sus ojos se describen como de color miel o dorados —explica Van Phue—, pero cuando tienen hambre son marrón oscuro y negro, no se distinguen las pupilas. Tenían un aspecto duro y bello. En dos ocasiones vemos a Rob en el instituto con ojos hambrientos, el resto del tiempo los tiene color miel».

«ROB TIENE UNA ASPECTO DIFERENTE DEL RESTO; NOS GUSTABA QUE SOBRESALIESE».

Van Phue fue tomando notas detalladas de cada matiz del trabajo, de forma que fuese capaz de reproducir cualquier detalle específico del maquillaje que la directora quisiese para el aspecto final. «¡Me lo voy inventando sobre la marcha! Pero a Catherine le gusta verlo todo y que se lo enseñes. Te da una gran confianza y apoyo; eso hizo que quisiera esforzarme más por ella».

El peinado de Pattinson siguió el color broncíneo del cabello de Edward que describe la novela, un *look* que tenía que ir con el maquillaje pálido. «Hablé con Catherine acerca de los diferentes tonos de bronce antes incluso de

Charlie somete a Edward a su ojo de policía antes de permitir que lleve a Bella al baile de fin de curso.

conocer a Rob —dice Valdes—. Su pelo es de un castaño medio, y se lo habían teñido de negro en un rodaje anterior. El negro se había aclarado y tenía cinco centímetros de raíz en su color natural, así que llevaba el pelo bicolor. Debíamos eliminar el de la otra película para darle el color nuevo».

Había un gran interés en preproducción por ver qué aspecto tendría Edward con el pelo largo. Se habían sacado fotos promocionales del actor con el pelo corto y al estudio le gustó el estilo, pero la directora se preguntaba cómo le quedaría el pelo largo al personaje de Pattinson. Valdes le puso extensiones al actor, pero se decidió que la melena ocultaba el perfil de su mentón y se volvió al pelo corto. «Si a Catherine le hubiese gustado de verdad el pelo largo, habría convencido al estudio —dice Valdes—. Aquel día estuvimos

con las extensiones y se las quitamos al siguiente. Todos estábamos de acuerdo [en que debería ser corto], pero Catherine tenía que ver por sí misma que eso era lo mejor. ¡Si no lo hubiera visto con el pelo largo, aún se lo estaría preguntando!».

«Edward es el protagonista, así que yo debía conseguir que tuviera mejor aspecto que el resto —afirma Van Phue—. Rob es guapísimo, por eso le apliqué una capa más fina de maquillaje. El tono pálido te resta vitalidad, así que dejé traslucir un poco de su tono de piel natural. Hice sus ojos más bonitos y añadí color en los labios para darle atractivo. Rob tiene un aspecto diferente del resto; nos gustaba que sobresaliese. Aunque todos son jóvenes, guapos y unos grandes actores, no hay ni una sola *prima donna* entre ellos. Se tenían afecto unos a otros y se hicieron amigos. Resultó un set maravilloso en el que trabajar».

LOS CULLEN

93

*La mansión Cullen
en su estado original.*

Catherine Hardwicke se viste de arquitecta en lo que respecta a la misteriosa casa en lo profundo del bosque húmedo. La novela describe la casa de los Cullen con paredes acristaladas al sur, una larga escalinata, techos altos y un suelo de madera cubierto con alfombras blancas y gruesas: un hogar elegante para un clan de adinerados y sofisticados vampiros. Encontraron lo que buscaban en la casa de Portland de un ejecutivo de Nike y su familia.

Beth Melnick la descubrió y habló con el propietario sobre la cesión para el rodaje. En un par de semanas, la casa apareció también en la revista *Portland Spaces,* que llamó la atención de la directora. Era nueva, ubicada en una zona boscosa, el interior tenía los suelos de hormigón pulido y revestimientos de madera y cristal, junto con una valiosa colección de muebles modernistas de mediados de siglo. «El propietario era un ejecutivo de Nike y le gustó la idea de que su casa fuese el hogar de unos sofisticados vampiros —dice Hardwicke con una sonrisa—. Nos permitieron rodar interiores y exteriores».

La «Nike house», como algunos la llamaban, parecía hecha a medida para el clan Cullen. «Lo interesante de la casa como localización era que las paredes eran totalmente blancas, lo que le daba mucho carácter y además proporcionaba el aire

«LA CASA ESTABA REPLETA DE MUESTRAS DE TODO CUANTO LES HABÍA GUSTADO EN CADA ÉPOCA DIFERENTE».

tradicional de que los vampiros son pálidos y no les da mucho el sol», apunta Phillips.

«Tenías la auténtica sensación de que la casa estaba diseñada para vampiros —añade Wyck Godfrey—. Una de las habitaciones del piso de arriba tenía uno de esos ventanales con puerta doble, ¡sin terraza! Yo no me sentiría seguro, pero era el cuarto perfecto para Edward».

Producción aún debía adaptar la casa a las necesidades de la historia. Por ejemplo, se veían las viviendas cercanas y fue preciso traer vegetación para ocultarlas y preservar la aparente soledad de los Cullen en el bosque. El departamento artístico dirigió el trabajo, que incluía un surtido de vegetación de la zona, como unos pinos en macetas ocultas con revestimientos de arbustos. Gene Serdena añade que en el diseño de producción y la dirección artística usaron mucho el camuflaje de la vegetación, como para ocultar los cables en escenas en que los vampiros corrían por el bosque.

Otra decisión fue reemplazar el fabuloso mobiliario, que se juzgó inapropiado para los Cullen. Serdena notó el «fuerte tirón gravitacional» que habría tenido el estilo modernista y habría dificultado la integración estética de otros muebles. «Para una gente tan adinerada y que vive para siempre, una estética postmoderna tiene poco interés. Nos quedamos con la noción de que los Cullen son eclécticos y cuentan con un rico y amplio espectro histórico».

Unos profesionales de los traslados de los museos se llevaron los muebles durante el rodaje y la casa se transformó con otros que reflejaban el acomodo y el gusto ecléctico de los Cullen. «La casa estaba repleta de muestras de todo cuanto les había gustado en cada época diferente —dice Hardwicke—. Por ejemplo, creamos el cuarto de Edward con radios antiguas y todo lo que ha ido coleccionando durante los últimos noventa años, las muestras de su pasión».

Emmett (Lutz) entra en acción de un salto para proteger a Bella.

«Partimos de la idea de que estos vampiros llevan por aquí unos cientos de años y han podido coleccionar obras de arte. La psicología que hay tras su coleccionismo es que parecen querer recordar de dónde vienen pero, a la vez, saben que vivirán para siempre. Están por encima del coleccionismo *kitsch* de la mayoría de la gente, y cada uno ha encontrado una parcela de su interés. La de Edward, por ejemplo, es la música. Sabe mucho al respecto y ha visto cómo ha cambiado con el paso del tiempo, por eso intentamos crear un lugar para él donde hubiese todo tipo de equipos para reproducir música, le gusta la idea de que exista una tecnología para reproducirla. Al mismo tiempo, la dureza de la casa muestra también cómo han sido capaces de simplificar sus vidas con los años, en especial porque si se vieran obligados a marcharse, tendrían que poder hacerlo al instante. Esto ocurre al final de la película, cuando tienen que salir de inmediato para acudir al rescate de Bella».

IAN PHILLIPS

Una de las ideas de la directora al decorar la casa fue que, según Edward lleva arriba a Bella por la escalera principal, ella ve lo que parece un mural abstracto: de cerca se aprecia que está compuesto por los birretes de graduación que han ido coleccionando a lo largo de las décadas. «Son nómadas; han pasado por la universidad muchas veces —dice Serdena, cuyo equipo de decoración creó el mural—. Bella le pregunta a Edward cuánto hace que tiene los diecisiete: "Bastante", dice él».

Cerca de los birretes hay pruebas de una especial pasión de los Cullen: una muestra de bates de béisbol antiguos, que alude a una larga relación con el pasatiempo nacional. «Juegan a lo que llamamos béisbol de vampiros, y [creímos] que eso decía algo sobre la familia, la historia de Edward y los Cullen —explica Serdena—. ¿Y si éste fuese un jugador de béisbol de los años veinte? Teníamos fotos de equipos antiguos [por la casa] y se sugiere que Edward podría estar en alguna de ellas. Para esa gente, el béisbol era algo más de lo que se muestra en el film. Cuando recopilábamos los diferentes objetos, Catherine dijo: "No creo que Edward guardase su colección impecable en una estantería". Se convirtieron en trofeos de museo, algo importante para él en un momento dado y que se va enterrando bajo una buena cantidad de otras cosas».

A la directora se le ocurrió dar otro giro a los dormitorios: no hay camas. Al fin y al cabo, en la mitología de Meyer los vampiros no duermen, lo que deja mucho tiempo

> **«BELLA LE PREGUNTA A EDWARD CUÁNTO HACE QUE TIENE LOS DIECISIETE: "BASTANTE"».**

para atormentarse, en particular a Edward. «Catherine presentó la idea de que Edward está desesperadamente solo y busca compañía, y la encuentra en Bella —dice Serdena—. Así que es posible que la situación de su cuarto sea la de alguien profundamente introspectivo y puede que un tanto desorientado. Intentamos desarrollar la idea con su obsesión por tomar notas y pincharlas, pilas de diarios, libros de filosofía que está leyendo y subrayando a altas horas de la noche, cuando no duerme y devora información en un intento por dotar de sentido a lo que significa pasar la eternidad vagando solo. Es un personaje inmerso en un dilema existencial, y era un reto encontrar una forma de aliviar aquello en el diseño de la película.

»Tuvimos algunas conversaciones interesantes —añade Serdena—. Partes con la noción de que cuando puedes vivir para siempre, ¿qué cobra importancia para uno?, ¿qué tiene sentido? Yo creo que a un vampiro, en especial al doctor Cullen y a los suyos, le interesa mucho el paso del tiempo y las cosas nuevas que le proporcionan nuevos estímulos. En la novela esto se transmite con los coches que conducen. Modelos veloces, modernos coches de diseño: son como juguetes para ellos. Démosles, pues, un montón de juguetes».

«Los vampiros conducen coches nuevos, y pensamos en los modelos concretos para cada personaje —dice Phillips—. Intentamos mantenerlos impolutos para distanciarlos del resto de Forks. Edward tiene un Volvo, Rosalie un

«LOS CULLEN PRESTAN TANTA ATENCIÓN AL DETALLE Y SU ESTÉTICA ES TAN REFINADA, QUE HASTA EL DISEÑO DE SU GARAJE SERÍA INCREÍBLE».

descapotable rojo, Carlisle un Mercedes. Emmett conduce un Jeep que mantuvimos bastante sucio porque le gusta meterse en las profundidades del bosque. Básicamente, creamos a base de pintura el aspecto de que el Jeep había estado por el bosque y el barro».

La «Nike house» disponía de un garaje convencional de dos plazas, pero los Cullen necesitaban más espacio para sus cochazos. Se encontró un garaje mayor en una casa privada de otro pueblo, pero aquella localización requería un trabajo adicional para reflejar las necesidades de la historia. «El estilo de aquel lugar era como de finales de los ochenta, *new wave* o lo que se puede ver en la zona de comida rápida de un centro comercial: un batiburrillo de superficies plastificadas —dice Serdena—. Los Cullen prestan tanta atención al detalle y su estética es tan refinada, que hasta el diseño de su garaje sería increíble. Así que tomamos lo que había, aquellas cuatro paredes con puertas, y lo transformamos en un garaje fantástico, ultramoderno, propio de James Bond».

El garaje servía también como recordatorio de lo que eran los Cullen: al igual que otros vampiros, eran nómadas por necesidad. «Se trataba para ellos del sitio de mayor tecnificación, pero también del lugar organizado en caso de que tuviesen que salir rápido —añade

«AHÍ ES DONDE GUARDAN EL SUMINISTRO
DE EMERGENCIA, KITS DE SUPERVIVENCIA
PARA VAMPIROS, BOLSAS DE SANGRE, EN FIN,
UN APERITIVO PARA EL CAMINO»

Phillips—. Ahí es donde guardan el suministro de emergencia, kits de supervivencia para vampiros, bolsas de sangre, en fin, un aperitivo para el camino».

Siguiendo su teoría de las formas visualmente dinámicas de dar vida al libro en la pantalla, la directora decidió que los vampiros cocinasen para Bella. Al no comer como el resto, se convierte en una aventura culinaria. «Era una toma del guión orientada a la presentación de Bella a la familia de Edward», explica Hardwicke.

Elliot Davis apunta que la mayor parte del rodaje tuvo lugar en la segunda planta de la casa. Aunque los vampiros estaban en sus dominios, no se quería abusar del «efecto centelleo» ni mostrar la luz del sol, algo difícil en una casa acristalada. Para evitar la sensación de una gran luz solar directa, se

EN LA SECUENCIA, APODADA «DE ÁRBOL EN ÁRBOL», FIGURABAN LOS CABLES DE ANDY CHENG, PERO SE PRESENTÓ UN PROBLEMA CLARO: NO HABÍA UN ÁRBOL CERCA DE AQUELLA VENTANA.

empleó una luz suave para los interiores y como la casa, moderna, tenía espacios abiertos, hubo que hacer gala de inventiva para ocultar los focos, en especial en la escena de la cocina. «Preparamos un gran muro de luces al otro lado de la casa, una fuente grande de luz suave, como si entrase por ese lado de la casa. Tenía luces escondidas por todas partes: en la barra de la cocina, detrás de botes de ketchup, saleros, boles y cosas así. Teníamos focos fuera de la ventana de la cocina en lo que la gente de fuera del mundillo llama una cesta elevadora, una grúa con un brazo extensible, y los montamos con un gran paño delante para que la luz fuese tenue. Para el cuarto de Edward cubrí toda la ventana con otro paño e iluminé a través de él para lograr el mismo aire tenue».

Más adelante, Edward lleva a Bella a su espalda en un recorrido por los alrededores de la casa, que se inicia con un salto desde la ventana de su cuarto hasta un árbol. En la secuencia, apodada «de árbol en

Andy Cheng, delante, con un paraguas, dirige a Kristen y Rob durante la secuencia «de árbol en árbol».

árbol», se usaban los cables de Andy Cheng, pero se presentó un problema claro: no había un árbol cerca de aquella ventana. Richard Kidd y su equipo de efectos visuales llegaron al rescate con un árbol digital. Al estar pensada la toma como una instantánea, no tuvieron que hacer el árbol entero, sino que se arreglaron con una imagen fija. «En realidad, fue mejor para los especialistas: en lugar de tener que lanzarlos a toda mecha contra un árbol de verdad colgados de un cable —apunta Kidd—, lo que hicieron, básicamente, fue saltar, balancearse y realizar los mismos movimientos corporales que si estuviesen aterrizando en un árbol».

Una vez fuera de la casa, Edward salta hacia la base de otro árbol cercano y se sube a él. La acción muestra a Kristen Stewart asida a la espalda de Robert Pattinson, que vuela con cables. «Pusimos una línea de cable a lo largo de las copas de una serie de árboles, puede que a unos veinte o veinticinco metros —explica Cheng—. Parten de la casa, saltan al siguiente árbol y Edward sube; saltan y suben, saltan y suben. Teníamos cámaras colgadas de lo alto y en helicópteros, y yo bajaba cámara en mano por un cable con un descensor».

La montaña rusa termina con la pareja en la copa de un árbol altísimo que tiene unas vistas increíbles. La *scout* Beth Melnick había encontrado un lugar en el cañón del río Columbia y obtuvo los permisos de rodaje del organismo Historic Friends of the Columbia River Gorge. «Para la toma panorámica final dimos con un árbol de entre veinte y treinta metros de altura sobre una colina de trescientos metros —dice Cheng—. Subimos [a los actores] y pusimos un cable de seguridad. Tras filmar los primeros planos, rodé a dos dobles con un helicóptero

dando vueltas alrededor del árbol, mientras ellos contemplan el maravilloso paisaje».

La secuencia se rodó en un plazo de cuatro días, y el primero de ellos fue de esos que se convierten en leyenda para el equipo: hubo nieve, lluvia, granizo y sol. «Se supone que los árboles de la secuencia son verdes, pero salimos a rodar aquella mañana y había treinta centímetros de nieve. Toda la montaña estaba blanca y nevada —recuerda Cheng—. Tuve que llamar a Catherine y los productores para hablar sobre si rodábamos en blanco o en verde porque el parte decía que iba a nevar todos los días. Pero salió el sol aquella tarde y se fundió toda la nieve».

Cuando Bella intima con la familia Cullen, tiene el honor de recibir una invitación rara vez, si acaso alguna, concedida a un mortal: asistir a un partido de béisbol entre vampiros. Al estilo de los Cullen se juega sin usar guantes, el campo es el doble de grande que un estadio normal y está en lo alto de los montes Olympic, donde lo ideal es jugar en plena tormenta. «Lo principal aquí eran los aspectos sobrenaturales de los Cullen, su capacidad para saltar muy alto y atrapar la pelota —explica Lin—. Teníamos que encontrar un campo grande en una hondonada natural para mostrar diferentes ángulos, un lugar primigénico. Lo hallamos cerca del cañón del Columbia, hacia el exterior de las paredes del cañón».

Los uniformes y gorras estilo *retro* eran una muestra de la pasión de los Cullen por aquel deporte. El equipo de vestuario usó uniformes antiguos para las pruebas y luego hizo copias (de seis a doce por persona, calcula Wendy Chuck), por la paliza que iban a recibir con las carreras,

CUANDO BELLA INTIMA CON LA FAMILIA CULLEN,
TIENE EL HONOR DE RECIBIR UNA INVITACIÓN

RARA VEZ, SI ACASO ALGUNA, CONCEDIDA A UN MORTAL: ASISTIR A UN PARTIDO DE BÉISBOL ENTRE VAMPIROS.

saltos y planchas de los actores y sus dobles en pleno campo. El partido estaba programado para poco después de la pelea en el estudio de ballet, que abría el calendario, un momento en el que el tiempo era especialmente duro. «En el programa ocupaba tres días de la primera unidad y otros tres de la segunda —explica Hardwicke—. Por problemas meteorológicos tuvimos menos de dos días de rodaje con la segunda unidad».

Chuck recuerda que sólo llegar hasta la localización desde el campamento base de producción era ya una aventura, de treinta a cuarenta minutos en furgoneta por un estrecho camino de barro. «El tiempo que hizo fue el peor, lluvia y viento *juntos*. No dejaba de decir "botas de agua, botas de agua, botas de agua, frío, frío, frío". Te puedes preparar, pero nada es como estar allí. Cuando llegamos a la pradera fue deprimente, daba igual cuántas capas de ropa llevases, todo el mundo estaba helado y hecho una sopa. Para media hora se aguantaba, pero la gente se tiraba fuera doce o catorce horas diarias. Los actores llevaban ropa térmica bajo el vestuario, pero ya metidos en el rodaje la mejor ropa interior demostró ser los trajes finos de neopreno que llevan los surferos, porque iban mejor. Todos los días preparaba aquellos trajes con el resto del vestuario».

El partido de béisbol era una secuencia importante para el equipo de efectos visuales. El supervisor trabajó con la empresa de efectos CIS Vancouver en los planos con «sustitución del cielo», que, como su nombre indica, supone sustituir digitalmente el cielo del rodaje con imágenes digitales que sirvan a las necesidades estéticas de la secuencia, incluida la iluminación. Calificaron aquellos planos como «efectos invisibles», dice Richard Kidd, pues estaban pensados no para dar un aire fantástico obvio, sino para fundirse de manera natural. El equipo de efectos visuales tenía que crear otra plancha limpia para el trabajo de sustitución del cielo y, dado que la inestabilidad y estacionalidad del tiempo hacían que volver fuese prohibitivo, necesitaban también una imagen de todo el escenario con el fin de disponer de un fondo digital para cualquier posible toma en pantalla verde en caso de tener que repetir tomas de la localización. La solución fue una «imagen gigapíxel» con la colaboración de Eric Hanson en los efectos visuales, un destacado experto en las imágenes gigapíxel.

El partido era la ocasión de ver a los vampiros libres de su habitual conducta reservada al mezclarse con el mundo de los humanos. Para Elliot Davis era también necesario rodarlo como «un resumen de las mejores jugadas», centrado en los bateos, carreras, planchas e intercepciones. «Intentamos dar al partido la mayor cinética posible. Le dije a Catherine que habría que manipular las cosas, acelerarlas y ralentizarlas, lo que provocaría el asombro de Bella, pues la película se ve desde su punto de vista. Ese efecto reflejaría también sus emociones exaltadas al sorprenderse, sentir lo que ella siente al ver jugar a los vampiros».

El equipo Crazy Horse, probado en preproducción, fue una herramienta inestimable para el efecto de aceleración. Como se planeó, el doble montaje de cámaras con el espejo y el difusor permitió la filmación desde el mismo ángulo a velocidades diferentes de los lanzamientos y los bateos. «Queríamos cambiar, editando en postproducción: del punto de vista de la pelota camino del bateador a su velocidad, pasar a cámara lenta según el bate golpea la

pelota —explica Kidd—. De ese modo podemos percibir la sensación de la cámara lenta y acto seguido acelerar de forma instantánea».

Lo llamativo del béisbol entre vampiros es la fuerza bestial de los golpes, la velocidad de los lanzamientos y de los jugadores que van tras ellos. El equipo de efectos visuales generó por ordenador pelotas de béisbol digitales, entre otras cosas para crear la ilusión de que los jugadores atrapaban los veloces lanzamientos con las manos desnudas. En el campo los actores agarraban una pelota de plástico prácticamente invisible para la cámara, que les permitía no sólo fingir que la atrapaban sino capturarla de verdad y apretar los dedos a su alrededor, y que después se sustituiría en postproducción por la pelota digital.

También había auténticas pelotas de béisbol volando a toda velocidad gracias a lo que Andy Weder llamó un «lanzador de béisbol»: un tubo grande de acero cargado de bolas (engrasado con vaselina) que las lanzaba de una en una a una presión de casi once kilos por centímetro cuadrado. Para la ilusión de las larguísimas y superveloces planchas de los corredores, el equipo cavó una trinchera y extendió unos seis metros de plexiglás que se alisó con cera para suelos de madera y se ocultó con una capa de tierra.

En la secuencia, el equipo de Cheng aportó un trabajo vital con los cables. Rob Pattinson,

por ejemplo, se lució con la gran velocidad de Edward con un cable que le movía por el campo a nueve metros por segundo (la media de un vampiro, según Cheng, fue de seis metros por segundo). «Cuando corría nosotros íbamos con él —dice Cheng—. Habíamos colocado un cable de trescientos metros de largo a treinta metros de altura, y teníamos una pista y algo como un patín [sobre el cable superior] con un cable que bajaba y se enganchaba al actor [por medio del arnés oculto que llevaba éste]. Teníamos un cabrestante, como un motor, y un programa de ordenador que lo desplazaba a seis metros por segundo, o cinco, o lo que quisiésemos, y mantenía la velocidad enganchado al actor o su doble. Parecía que corrían de verdad, pero los pies apenas tocaban el suelo a la velocidad de cinco o seis metros por segundo. Igual con los saltos. Con el mismo cable, sólo con tirar, describían una curva en vez de correr; controlada también por ordenador. Por supuesto, habíamos hecho pruebas para estar seguros de lo que podíamos y lo que no podíamos hacer».

Como en el libro, la llegada de los vampiros nómadas interrumpe el partido. Al contrario que el sofisticado aquelarre del doctor Cullen, estos vagabundos no tienen reparos en hacer como los vampiros normales a la hora de alimentarse.

Instintos naturales

*Kristen y Taylor pasados
por agua durante el rodaje.*

Edward llega al instituto de Forks, receloso ante Bella.

En una escena filmada por la unidad de Andy Cheng para el inicio de la película, se persigue a un venado por el bosque mientras la voz en *off* de Bella Swan contempla cómo sería morir y renacer como un vampiro y pasar la eternidad con quien ella ama. «Alguien persigue al venado y lo atrapa: se ve que es Edward —explica Cheng—. Teníamos una cámara por las copas de los árboles en un cable paralelo a la cámara que sigue al venado. Los efectos visuales lo combinan con Edward de forma que parece que es él quien lo captura».

Cuando tienen hambre, Edward y los suyos cazan animales salvajes. Han crecido acostumbrados a esta dieta, pero es un gusto adquirido. Muy dentro de sí, un instinto vampírico reprimido está sediento de sangre humana. En la novela de Meyer, cuando Edward le cuenta a Bella la historia de la conversión de Carlisle Cullen al «vegetarianismo», habla de él como de un héroe. Carlisle, nacido en Londres en la década de 1640, era el hijo de un perseguidor de los católicos cuya cruzada contra los vampiros irónicamente hizo que un no muerto capturase a Carlisle y le transformase. Mortificado por haberse convertido en un monstruo, se escondió y luchó contra la sed. Debilitado, sucumbió por fin ante la necesidad de alimentarse, atacó a un venado y descubrió que le satisfacía. Fue una revelación. En su antigua vida se había dado un festín a base de venado y ahora podía hacer igual. Cullen cruzó a nado el Canal hasta Francia y vagó por el continente, en una existencia nocturna que le permitía relacionarse con los humanos y evitar el sol. Estudió arte y música, pero halló su «penitencia», según lo llama Edward, al aprender medicina y salvar vidas humanas. Domina sus deseos depredadores con fuerza de voluntad y con el paso del tiempo la visión y el olor de la sangre humana no le conduce al apetito sangriento. Salva de una muerte segura a unos escogidos, los convierte y les enseña sus ideas. «No sé describir su lucha de forma adecuada. Carlisle necesitó dos siglos de atormentadores esfuerzos para perfeccionar su autocontrol —cuenta Edward a Bella en el libro—. Ahora es prácticamente inmune al olor de la sangre humana y es capaz de hacer el trabajo que adora sin sufrimiento»[10].

Laurent, Victoria y James, los vampiros nómadas que interrumpen a los Cullen en el terreno de juego, ponen fin a un partido, pero inician otro más mortífero: James, que parece ser el líder de su aquelarre, es un rastreador y desea jugar a hacerse con Bella, mientras que los Cullen tratan de alejarla de sus garras. Para un

«Los Cullen intentan mezclarse con la sociedad tanto como les resulta posible, hacer de sus vidas algo mucho más pleno de forma que no tengan que alimentarse. Pero los vampiros nómadas viven al margen de la sociedad; viven sólo para alimentarse, se parecen mucho más a lo que imaginamos como vampiros tradicionales» vampiro joven y salvaje con una eternidad para matar, la caza ha empezado.

Los vampiros nómadas hacen su gran entrada en el campo de béisbol en la cima de la montaña por cortesía de la «alfombra mágica», uno de los efectos físicos probados en el trabajo preliminar de preproducción. El equipo de Andy Weder usó unas quince planchas de plexiglás de dos metros y medio de largo por un metro veinticinco de ancho y las unió. El resultado fue una tira de plexiglás de treinta y seis metros remolcada por camiones o cabrestantes motorizados a unos cuarenta kilómetros por hora. El movimiento de la tira junto con la carrera a toda velocidad del actor o especialista, unos treinta kilómetros por hora, creaba la ilusión de un vampiro corriendo a sesenta y cinco kilómetros por hora. Los efectos visuales lo incrementaban después

con aceleraciones digitales y otras técnicas de tratamiento de imagen en 2D. «Hacer que caminasen despacio mientras tiraban de ellos contribuía también al efecto escalofriante, logra una apariencia extraña cuando aparecen los nómadas», añade Weder.

«James y los [demás] vampiros malignos son el contrapunto de los Cullen —observa Wendy Chuck—. Para ellos partimos del libro e incluso del guión, donde se dice que visten como excursionistas. Catherine quería algo más».

Chuck recuerda una «prueba masiva» antes de salir hacia Portland: doce horas metidos en el departamento de vestuario de la Universal con la mayoría de los Cullen y los vampiros nómadas. «No sabíamos con exactitud cómo vestirían los nómadas, pero Catherine quería un cierto aire de rock & roll para ellos y también pensaba que eran asesinos de los que se llevan trofeos. De ahí partimos con James y Victoria en particular. Catherine y yo compramos un montón de ropa para experimentar; tirábamos de las prendas aleatoriamente. Faltaban sólo tres semanas para el rodaje e hicimos lo que pudimos en Los Ángeles

EN LA NOVELA SE DESCRIBE A JAMES, EN GENERAL, CON EL «PELO MUY CORTO» PERO, CON EL PERMISO DE STEPHENIE MEYER, SE DESARROLLÓ UN ASPECTO MÁS ELABORADO.

Gigandet, Gathegi y Lefevre se dan un paseo en «alfombra mágica».

Los Cullen hacen frente a los nómadas.

antes de ir a Portland. La mayoría de los actores estaba en la ciudad y se acercaron para las pruebas.

»El vestuario de Laurent es mi favorito, porque me permitió hacer uso de mi bagaje en la materia —añade Chuck—. Se trataba de una mezcla de elementos, de los vaqueros rectos al estilo del anterior cambio de siglo, un brocado y un chaleco doble con el cuello ancho y corto. Edi Gathegi no lleva camisa debajo para que se pueda apreciar su cuerpo escultural. Viste una chaqueta de cuero muy de los setenta y un precioso pañuelo de seda con el típico encaje de época. James viste una cazadora de cuero de motorista que le quita a un leñador *hippie* al que matan».

Los nómadas también tenían que ir descalzos. En la mayor parte de las tomas, los pies quedaban fuera de plano de manera que los actores podían llevar botas, pero en los planos largos, cuando se debía ver los pies desnudos, el tiempo era muy malo

para ir descalzo y el equipo de vestuario utilizó neopreno, el material de los trajes de submarinismo, para elaborar unos «escarpines de neopreno», como los denominaba Chuck, y se pintaron del color de la piel con *spray*.

En la novela se describe a James, en general, con el «pelo muy corto» pero, con el permiso de Stephenie Meyer, se desarrolló un aspecto más elaborado. «Nos tomamos una pequeña licencia con James —explica Mary Ann Valdes—. Le pusimos una peluca: rubia, larga y sucia, ni limpia ni cuidada. El estudio la quería recogida en una coleta con una tira de cuero, lo primero que ha encontrado».

James, el cazador, emplea sus capacidades prodigiosas para seguir el rastro de Bella. Aunque Edward y su clan la protegen, saben que no se detendrá hasta cobrarse su presa, y no es fácil parar a un vampiro. En el mundo de Meyer, la única forma de matar a uno, lejos de la vieja técnica

CATHERINE
QUERÍA UN AIRE
DE ROCK & ROLL
PARA ELLOS
Y TAMBIÉN
PENSABA QUE
ERAN ASESINOS
DE LOS QUE
SE LLEVAN
TROFEOS.

James (Gigandet) aguarda a Bella en Phoenix.

de clavarle una estaca en el corazón, consiste en descuartizarlo y quemar sus fragmentos.

El cazador implacable conoce la vulnerabilidad de su presa y va tras el punto débil de Bella: su madre. Así, *Crepúsculo* deja el tormentoso mundo del Pacífico noroeste rumbo al soleado suroeste. Bella ha decidido afrontar su final para salvar a su madre, retenida por James, así que escapa de los vampiros que la protegen para encarar su destino en un lugar que le recuerda tiempos pasados: la Escuela de Danza de Mimi, el estudio cercano a la casa de su madre donde James aguarda su llegada.

Para el equipo de producción, el regreso a Phoenix y Scottsdale se saldó con un rodaje en la ciudad de Valencia, al sur de California, que cumplía con el requisito del aspecto seco y árido. No obstante, el exterior del estudio fue un edificio de ladrillo vacío en Portland, con ventanas en arco; Ian Phillips recuerda que había sido una compañía de tapicería. El edificio databa de comienzos del siglo xx y estaba construido como un gran almacén con dos plantas en el interior. Sin embargo, producción se lo imaginaba con una sola planta, para sacar partido de las ventanas arqueadas que reproducirían en un set.

El equipo de *Crepúsculo* construyó el interior del estudio en una nave de Portland. Se trataba del final en la cronología de la historia pero, debido a la disponibilidad del reparto, fue lo primero en el calendario del rodaje. El diseño de la gran escena evocaría uno de los clásicos sets y escenas de los duros anales del cine negro.

La secuencia de la Casa de los Espejos de Orson Welles en *La dama de Shanghai* es uno de los más grandes clímax cinematográficos. Un triángulo mortal entre un marino (interpretado por Welles), un abogado tullido e implacable (Everett Sloane) y la bella y ladina esposa del abogado (Rita Hayworth), que tienen un enfrentamiento final en la sala de los espejos de un parque de atracciones costero de San Francisco donde muestran sus cartas y saldan cuentas. Sólo uno sobrevive tras vaciar los cargadores y hacer añicos los espejos. La famosa escena de Welles se ha imitado mucho, de forma notable en una lucha rodada en una sala con espejos en el clímax de la clásica aventura de artes marciales de Bruce Lee *Operación Dragón*.

La dama de Shanghai y *Operación Dragón* inspiraron el enfoque de Catherine Hardwicke para la escena del estudio de ballet donde James acorrala

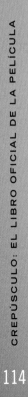

*Carlisle atiende a Bella
mientras Alice y Edward
valoran la situación.*

a Bella y la posterior batalla cuando llega Edward al
rescate de su amada. Todo estaba lleno de espejos,
desde murales hasta columnas. Con el fin de evitar
el reflejo de las cámaras o el equipo, cada uno
de los espejos tenía bisagras para poder girarlos
a mano, arriba o abajo, izquierda o derecha;
permitían el diseño de ángulos específicos de rodaje
con el fin de evitar los reflejos. Incluso la columna
con espejos se podía rotar.

«Las escenas de acción eran las más exigentes
en cuanto a cantidad de prendas —cuenta Wendy
Chuck—. Era obra del destino, las mayores
dificultades para mi equipo, la gran pelea en el
estudio de ballet y el partido de béisbol, todo
estaba al inicio del rodaje, a la vez. Había que
rodarlas en las tres primeras semanas».

El enfrentamiento en el estudio de ballet
fue una secuencia importante para Andy Cheng.
Conocía con antelación las dimensiones del set
de forma que, según se construía, podía delimitar
con marcas una zona de ensayo y trabajar la
coreografía y la disposición de los cables. Lo
irónico es que fuera aún había nieve, mientras
que el set representaba un estudio en la tórrida
y desértica Arizona. Pero había supuesto un
riesgo comenzar el rodaje por el gran final, una
secuencia violenta en la que habría cristales
hechos añicos, columnas con espejos y suelos
machacados. Si los actores principales se hubiesen
hecho daño, la película se habría parado. «Daba
algo de miedo, porque yo tenía que hacer una
buena secuencia, emocionante», dice Cheng.

«Debíamos imaginar el aspecto que tendría la pelea. Catherine y yo terminados por llamarlo "estilo animal". La idea es que el vampiro bueno, Edward, no es agresivo; no quiere luchar, hasta que James amenaza a Bella, eso le vuelve loco. Se ponen muy violentos y muerden como animales. Vimos vídeos de tigres, cómo embisten y atacan, cómo corren las panteras. Después nos hicieron un *storyboard* de la pelea y rodamos un ensayo para mostrárselo a Catherine y los productores. Lo rodé con una cámara de mano, pero la escena real se filmó con cinco cámaras. No estaba previsto rodarla en una toma. No filmamos un máster: escogí los mejores ángulos y dividí la secuencia en golpes y patadas específicos. En el punto exacto de edición, pasaba a un ángulo mejor. Lo rodamos de mil formas, pero el resultado depende de la edición final».

ANDY CHENG

Se construyó el set interior y Tyan Bardon y Dean Roberts, de efectos especiales, se ocuparon de fabricar el suelo que se iba a romper y que parecería de madera maciza y en realidad era de liviana madera de balsa. Algunos de los ladrillos del estudio eran de yeso blando y los espejos que se rompían estaban hechos de «Pico-Tech», de la compañía Alfonso's Breakaway Glass. «Solían llamarlo "cristal de caramelo", pero en vez de azúcar, el ingrediente es un plástico débil —explica Weder—. Después se convierte un lado en espejo, que puede quedar algo ondulado, pero no te detienes mucho en él».

Elliot Davis y Andy Cheng trabajaron juntos para descomponer la secuencia y asegurarse de que cada toma de la primera unidad y de la segunda encajaban sin saltos. Cuando la unidad de Davis rodaba con los actores principales, se aseguraba también de reproducir el aspecto de las escenas en las que hubiese escombros de la parte de las peleas de Cheng. «Como se suponía que era de noche en el estudio, creé una especie de momento infernal —añade Davis—. Utilicé luces crudas, sin filtrar, sin paños».

El equipo de Cheng hizo volar dobles para crear el efecto de que Edward y James se golpeaban el uno al otro por el estudio. Los cables pasaban por unos agujeros en un techo móvil para manejarlos desde arriba o, si el techo no tenía que estar en plano, se podía dejar abierto. «Resultó genial hacer una película con tantos efectos físicos, pero fue Andy Cheng quien obró un montón de los milagros con equipo de vuelo —cuenta Weder—. El más común fue un sistema de cables desde lo alto para volar arriba y abajo con tornos controlados por ordenador, con el operador, Kevin Chase, a los mandos. Primero ensayaban con sacos de arena, después con el actor a media velocidad e iban subiendo. También se hizo mucho "estilo Hong Kong", como le gusta decir a Andy, tirando de ellos a mano desde fuera. Algunas de sus mejores aportaciones están en la secuencia de la pelea, golpeando gente contra el suelo y destrozando los espejos. Lanzarlos contra el suelo blando que se rompía resultó sencillo, pero cuando llegó el turno de cargar el uno contra el otro y llevaban un rato embistiéndose de cabeza, tuvimos que sustituir a los dobles».

La violenta escena incluía un momento aterrador en el que James ataca a Bella y hace que sangre. Pero, aparte de una marca de mordisco a cargo del maquillador Rolf Kebbler (un compuesto «extraoficial» para la marca, con un toque de sangre falsa), poca sangre más hubo. «¿Cuántas películas de vampiros has visto donde casi no hay secuencias de noche y apenas hay sangre?», fue la pregunta retórica de Weder.

En el mundo de *Crepúsculo,* extraños secretos acechan bajo la superficie. La tribu india de los quileute, sus antaño vastas tierras reducidas a los estrechos límites de su reserva junto al océano Pacífico, incluye la playa de La Push, vedada a «los fríos», como se conoce a los Cullen en la tribu. Es una vieja tregua entre los vampiros y sus opuestos, según Jacob Black cuenta a Bella entre susurros la historia de la enemistad ancestral entre vampiros y licántropos.

> LA TRIBU INDIA DE LOS QUILEUTE, SUS ANTAÑO VASTAS TIERRAS REDUCIDAS A LOS ESTRECHOS LÍMITES DE SU RESERVA JUNTO AL OCÉANO PACÍFICO, INCLUYE LA PLAYA DE LA PUSH, VEDADA A «LOS FRÍOS», COMO SE CONOCE A LOS CULLEN EN LA TRIBU.

El anciano de la tribu, Billy Black, llevaba una chaqueta que se salía de la gama de colores establecida, pero la directora hizo una excepción porque le gustaba la lana roja y gris de la que trajo el actor Gil Birmingham, que era muy de la zona noroeste y estaba decorada con motivos de los indios americanos. Wendy Chuck se introdujo en los aspectos indios del film más adelante, cuando se rodaron las escenas de la playa de los quileute.

La investigación de Chuck incluyó un viaje a Seattle para fotografiar a los indios. Pero fue Solomon Trimble, un medio indio quileute que interpreta a Sam, un amigo de Jacob, quien le proporcionó información durante las sesiones de

Bella (Stewart) y
Jacob (Lautner) se
conocen e intercambian
historias en la orilla de
la reserva de La Push.

Izquierda: Charlie (Burke) y Billy (Birmingham) se ponen al día.
Derecha: Jacob Black (Lautner) y sus amigos de la tribu.

pruebas con ella. «Me impresionó; era como un antropólogo. Estaba aprendiendo la lengua de los quileute, había hecho un tambor y componía canciones en aquella lengua según la aprendía. La tribu quileute carece de una economía sostenible. Los chicos se dedican principalmente a pescar e ir por ahí con los amigos, llevan camisetas con eslóganes de orgullo indio, o se hacen las suyas con rotuladores mezclando las frases de su orgullo indio con hip-hop, o imágenes antiguas de indios a caballo con rifles. Yo investigo lo mío; quería acertar. Aunque recibí una buena formación por parte de Sam. Vino en vaqueros, una camiseta sin mangas, botas y una chaqueta grande muy del noroeste, y me habló de las cosas que tenía. La siguiente vez que vino, llevaba un abrigo largo que su madre le había hecho con una manta y que casualmente tenía un lobo en la espalda».

La costa de Oregón proporcionó las escenas de playa en las que Bella y sus amigos conocen a Jacob, Sam y otros jóvenes indios quileute. Las escenas de playa no sólo marcaron el final del rodaje, sino también el peor tiempo al que se enfrentó producción. «La escena en la playa pasó a la historia colectiva como el peor día para todo el equipo», afirma Wendy Chuck.

Fue el martes de la última semana en Oregón, recuerda Hardwicke. El servicio de conservación del parque no permitía vehículos en la playa y hubo que bajar todo el equipo a la localización del rodaje. Jeanne Van Phue recuerda que para llegar a la zona de la filmación tuvieron que pasar por rocas resbaladizas depositadas con el tiempo por las olas que rompían a una altura de entre cuatro y seis metros. Para Elliot Davis y su equipo fue imposible bajar los cables, así que utilizaron la luz disponible y palios, con un «cañón de sol» con baterías para iluminar los rostros de los actores. «Lo queríamos nublado para la historia, pero en su lugar tuvimos frío y lluvia —recuerda Davis—. En cualquier caso eres como el cartero, tienes que hacer el reparto».

Fue también el día que Stephenie Meyer, su marido y sus dos hijos pequeños fueron de visita, igual que alguna gente de los medios. «El peor día de toda nuestra vida fue en la playa

«LA ESCENA EN LA PLAYA PASÓ A LA HISTORIA COLECTIVA COMO EL PEOR DÍA PARA TODO EL EQUIPO», AFIRMA WENDY CHUCK.

—exclama Van Phue—. Mi marido [John W. Murphy, maquinista en el rodaje] lleva en esto tanto como yo y aseguró que había sido su día más deprimente en un set de rodaje. Hizo frío, granizó y llovió. Sí, fue deprimente; no he sido tan infeliz en mi vida. No tenía las piernas al cien por cien a causa de mi operación de rodilla y me dijeron que lo dejase, pero respondí: "Es mi trabajo y de verdad necesito estar ahí". Pasé por todas las localizaciones y bajé a aquella playa. Lo conseguimos».

Los actores Justin Chon (Eric) y Christian Serratos (Angela), con el equipo, aguardan a que escampe.

Aquel día, Catherine Hardwicke anotó que se enfrentaron a unas «condiciones meteorológicas extremas» como jamás habían sufrido los miembros más experimentados del equipo. Recuerda el «infierno» de aquella jornada:

«Primero, el autobús del equipo sufrió el consecuente retraso al transitar una hora bajo una tormenta de nieve por una carretera de montaña. Después hubo que bajar a mano el equipo a una playa rocosa y además no dejó de caer una lluvia gélida en un ángulo de cuarenta y cinco grados. Los operadores de cámara, cubiertos de Gore-Tex de pies a cabeza, envolvieron por completo en plástico los cuerpos de las cámaras e intentamos rodar de todas formas. Pero el agua traspasó y estropeó el monitor de la *steadicam,* seguido de otro segundo monitor, nuevo, también a manos del agua. George Billinger, nuestro maravilloso operador de la *steadicam,* tenía un tercer monitor en la caja y prosiguió el rodaje.

»Por fin, conseguimos cuatro tomas del máster de la *steadicam* bajo la lluvia torrencial. Kristen llevaba un impermeable, mis guantes, mis botas y un traje de agua debajo para evitar el frío. Luego rodamos una toma de Jacob solo y paró el aguacero. Tuvimos entonces que darnos prisa y rodar una toma del máster y otra de Bella sin la lluvia para que todas cuadrasen. Por supuesto,

para cuando llegamos a la toma introductoria llovía de nuevo y había subido la marea. Apenas teníamos una versión de la escena inicial, ¡y ya habíamos cubierto la primera mitad del día!

»El equipo tenía que regresar a través de las rocas con todo el material y bajo la lluvia, lo que les llevaba una hora y media, para encontrarse con una tienda comedor que literalmente se volaba. La tuvieron que sujetar entre el equipo y algunos periodistas [de visita]. Mientras, la lluvia gélida y casi horizontal no cesaba y me habían dicho que debía rodar la escena de la orilla como fuese. Dispuse las furgonetas de unos extras locales en el aparcamiento para detener el aire y Bella y Angela hicieron la escena sentadas en su interior. Fue deprimente y muchos en el equipo se quejaron de las "condiciones inhumanas". Pero logramos la escena... por los pelos. Al día siguiente, uno de los productores me felicitó por salvar el día: "Ningún otro director que yo conozca habría seguido rodando en esas condiciones". Y yo pensaba: "¿Quiere decir que tenía elección?"».

Jornadas así pasan a la historia entre los equipos de rodaje. Wendy Chuck recuerda que algunos se reunían a contar sus batallas, y fue una opinión casi unánime que aquél había sido el peor día en un set para todos. «Pensamos que nadie podría superarlo como el peor día,

Kristen Stewart y Christian Serratos ruedan su escena en la furgoneta, bajo la fría lluvia.

«Sin duda el clima se convirtió en un personaje más de la película. No podíamos controlarlo y debíamos estar preparados para cambiar de localización y movernos rápido si el tiempo empeoraba mucho. Tuvimos algunos momentos de tensión, sin saber qué iba a pasar. Podía llover, granizar o caer aguanieve, pero la gente no dejó de trabajar. Había que seguir adelante».

IAN PHILLIPS

y el único que lo hizo fue el primer ayudante de dirección: una vez trabajó en una de esas películas de montañismo extremo y quedó atrapado dentro de la tienda en una ventisca, esperando a que le rescatase un helicóptero, ¡casi muere! Fue el único capaz de superarlo».

Chuck recuerda que no tuvo que quedarse en el set todo el día y regresó al campamento base, a tres cuartos de hora en coche y ubicado en un aparcamiento costero. Al llegar miró hacia el norte, hacia la localización del rodaje. «Allí estaba aquella enorme nube de agua justo sobre la playa y el set de rodaje. Y allí siguió todo el día».

El último día de rodaje, el 2 de mayo de 2008, una tromba de agua caló las capas de aquella ropa de protección que Hardwicke había comprado con la garantía de que la mantendrían seca. El informe diario de producción de Hardwicke en la web de *Crepúsculo* esa última noche poseía la agotada resolución del que resiste sitiado mucho tiempo: «El rodaje se acaba... hemos sobrevivido a nieve, granizo, aguanieve, chaparrones torrenciales y un sol brillante (cuando no lo queríamos), a veces todo en un solo día. MUY MAL TIEMPO se queda corto».

Sin embargo, el día antes de acabar, Hardwicke recibió energía positiva con la visita de un grupo de *twilighters;* algunos de ellos habían viajado desde Arizona para ver algo del rodaje. «Estaba agotada, pero me dio alas apreciar lo importante que es para vosotros», escribió Hardwicke en su comunicado final de la web[11].

INSTINTOS NATURALES

123

«La primera pieza que {Carter Burwell} escribió es el tema de amor de Bella y Edward, o "Bella's Lullaby". Concluye con una parte de piano preciosa, que el talentoso Rob Pattinson toca de veras ante la cámara».

Con la postproducción de *Crepúsculo* llegaba la hora de la verdad para la directora, la editora Nancy Richardson (que tenía que vérselas con una cantidad ingente de metraje), los efectos visuales de Richard Kidd, el compositor Carter Burwell (que se encargaba de la banda sonora) y otros departamentos: un montón de trabajo que hacer en los meses previos a la fecha del estreno. Para situar el vertiginoso calendario del film en perspectiva, desde que Catherine Hardwicke se puso a buscar guiones en Summit y dio con el borrador inicial de *Crepúsculo*, hasta su estreno en los cines, habrían pasado menos de dos años.

A mediados de julio, mediada la postproducción, Hardwicke evaluó la situación global:

«La primera semana de edición yo estaba destrozada, hundida, dolida por todas las tomas que no había logrado. Había imaginado un material alucinante, pero el tiempo y demás elementos no siempre ayudan. Al final lo admití y empecé a apreciar lo que habíamos conseguido e intenté hacer el trabajo lo mejor posible. Es un cubo de Rubik de locos: ¿cómo se pueden unir todas las piezas para contar la historia más poderosa? Nancy Richardson, nuestra editora, es increíble a la hora de rebuscar en el copión y seleccionar los mejores fragmentos para juntar una gran secuencia muy, muy rápido. Al final de cada día, tenía cortadas las escenas del anterior y había añadido una música [temporal] genial y efectos de sonido: yo podía ver al instante si encajaban las cosas. A partir de entonces, no hemos dejado de probar nuevas ideas y combinaciones, refinando y puliendo. Tenemos que trabajar con todos esos elementos: efectos visuales, música, diálogos, ADR [grabación de diálogos adicionales], efectos de sonido; con suerte, el equipo de postproducción sube a bordo y nadie deja de avanzar. Trabajar en la banda sonora con nuestro compositor, Carter Burwell, es un placer. Hemos estado editando el film con una banda sonora provisional (de algunas películas antiguas de Carter), pero lo emocionante es cuando él crea los temas para nuestra película. La primera pieza que escribió es el tema de amor de Edward y Bella, o "Bella's Lullaby". Concluye con una parte de piano preciosa que el talentoso Rob Pattinson toca de veras ante la cámara».

El resultado final tomaba forma según se iba uniendo un corte en bruto. Godfrey, que creía en la sensación visceral de rodar en lugares reales, llegó a la conclusión de que aquel aspecto le había dado un *algo* intangible a la mezcla. Parte de esa energía frenética del entusiasmo por lograr una toma parecía haberse filtrado al tejido del film, reflejo de lo exacerbado de un amor juvenil y las caóticas emociones de Bella y Edward. «Si hacía falta la lluvia y se ponía a llover otra vez, había que volver corriendo; se trataba de mantener las suficientes cámaras y equipos en marcha. Una locura, como en la escuela de cine, a correr para aprovecharlo. Pero tras ver la película, transmitía energía, una conciencia acentuada».

Kidd se encargaba de completar todos los elementos que contenían mejoras digitales, incluido el efecto del centelleo en la revelación de Edward, que Industrial Light & Magic estaba trasladando del boceto al resultado final.

El primer paso para terminar el efecto se dio cuando Robert Pattinson visitó los Gentle Giant Studios, una compañía de escáner en 3D de Burbank, y se hizo un modelo del cuerpo del actor. «Recibimos su escáner como una nube de datos, básicamente, un modelo de la superficie de su piel —explica Bill George, supervisor de ILM—. El resultado es un modelo muy preciso del actor, que articulamos para moverlo con él. Se hace coincidir sus movimientos con la acción rodada y es como una imagen fantasma sobre él, así el brillo se mueve con su piel. Sólo se ve el efecto en el lado de sol, y también añadimos fragmentos de luz a la escena».

La última parte del proceso, cuando ya se unía todo el film, consistía en equilibrar el color y darle el aspecto final. Era una parte importante de la realización, pues las escenas no se rodaron en orden y había que unificar la continuidad del color, y fue también una herramienta artística para dar a la película un tono y textura finales. «Yo veo el ambiente de este film muy desaturado, un tono frío, pálido, que refleja el noroeste del Pacífico», cuenta

> «YO VEO EL AMBIENTE DE ESTE FILM MUY DESATURADO, UN TONO FRÍO, PÁLIDO, QUE REFLEJA EL NOROESTE DEL PACÍFICO», CUENTA ELLIOT DAVIS.

Elliot Davis, que guió el trabajo de corrección del color. «Ésa fue la gama fría de colores a lo largo de todo el film. Elevo los verdes para acentuar la suntuosidad y bajo el negro para darle una referencia. Nos aseguramos de que los tonos de la piel son iguales. Toda escena se retoca para que se vea como queremos. Resultó interesante el tono pálido natural de la piel de Kristen Stewart, muy similar a la descripción de Bella en el libro. Parecía pertenecer al clan de los vampiros, ¡como si ya fuese uno de ellos!».

Greg Mooradian, uno de los primeros en ver (fuera de Little, Brown and Company) el potencial en aquel manuscrito original sin pulir de *Crepúsculo,* había seguido su recorrido desde ser una incógnita hasta su condición de fenómeno editorial, material cinematográfico y película finalizada. Había visto a Meyer convertirse en una voz importante que se implicaba en el desarrollo de la película. «Ella es la verdadera garantía», dijo.

Para Meyer había sido una montaña rusa inesperada que seguía creciendo camino del estreno, desde la presentación del primer tráiler hasta un artículo del 18 de julio de *Entertainment Weekly* (con Pattinson y Stewart en portada, ella con el motivo de la manzana roja como reflejo del «amor prohibido»), donde se hacía una comparación entre ella y a su obra, y J. K. Rowling y la serie de *Harry Potter.* Desde su sueño del 2 de junio de 2003 al 21 de noviembre de 2008, estreno de la adaptación al cine, habían pasado menos de cinco años.

Mooradian había oído la historia del sueño que lo había iniciado todo, aquella visión de la joven y el hermoso vampiro en su apasionada conversación, pero lo que le sorprendió fue lo poco planeado que había sido todo el éxito literario de Stephenie Meyer. «Le pregunté a Stephenie si esto era algo que ella hubiese estado forjando, si había estado esperando el momento justo. Respondió: "No, no". Me contó que nunca había soñado convertirse en novelista antes de aquello y estaba como esperando a su musa. El sueño literalmente la despertó y le hizo decidirse por escribir [esta historia]. Imagínatelo, ¡a esas alturas de tu vida! Qué cosa tan extraña. Me hace preguntarme por lo que pasará mañana...».

Mientras, en el mundo cinematográfico de *Crepúsculo,* los sets se han destruido, los miembros del equipo se encaminan a otros proyectos, el gran flujo de papel de los guiones, las planillas y las listas de personal se archivan o van a contenedores de reciclaje, los números de la oficina de producción se borran o se desconectan. Este grupo de gente del cine se ha reunido por un tiempo, y se ha separado, dejando cada uno en su estela una película y recuerdos personales.

«Es como una familia grande y loca —piensa Hardwicke—. A lo largo de seis meses y doscientas cincuenta personas, la dinámica familiar puede

Hardwicke, Stewart, Meyer y Rob Friedman, copresidente y consejero delegado de Summit Entertainment, se toman un descanso en el set.

oscilar de muy funcional a tristemente disfuncional. A algunos miembros de la familia estás deseando perderlos de vista y a otros los echas mucho de menos. Adoraba esas charlas creativas con Elliot Davis sobre las tomas, o con los actores sobre sus personajes. El equipo traía películas, fotos, diseños y música que servían de inspiración. Los dibujantes de los *storyboards,* Phil Keller y Trevor Goring, tuvieron algunas ideas bestiales. Patrick Smith, mi ayudante, recién salido de la escuela de cine de la NYU, siempre podía aparecer con una "canción de moda para el baile en los próximos veinte minutos", o los mejores zapatos para que Edward jugase al béisbol. El equipo de ayudantes de dirección fue de una especial ayuda: Jamie Marshall, coproductor y primer ayudante de dirección; Michael *Viggs* Vigglietta [ayudante de dirección de la segunda unidad] y Andy Cheng trabajaron sin parar ideando cosas geniales y buscando localizaciones. La segunda unidad volvió con tomas exóticas del galope de un venado salvaje por el bosque y unos dobles que casi salen despedidos de un árbol de treinta y cinco metros por el contratiraje del helicóptero, ¡pero siempre lograban la toma! Los protagonistas, Rob y Kristen, tuvieron ideas muy buenas sobre la música: Rob grabó varias canciones para el film y Kristen sugirió el tema final del baile, de Iron and Wine».

«LOS PROTAGONISTAS, ROB Y KRISTEN, TUVIERON IDEAS MUY BUENAS SOBRE LA MÚSICA: ROB GRABÓ VARIAS CANCIONES PARA EL FILM Y KRISTEN SUGIRIÓ EL TEMA FINAL DEL BAILE, DE IRON AND WINE».

La película, como el libro, termina con
Bella llegando al baile del instituto de Forks. No
se trata de un baile de instituto en el gimnasio:
se celebra en una posada de 1920 y los jóvenes
bailan bajo el techo de un cenador. La secuencia
se rodó junto al cañón del Columbia, que ofreció
unas vistas impresionantes. Era cerca del final
del calendario, a finales de abril, pero hacía frío y
nevaba. Sin embargo, el baile prosiguió.

Andy Weder recuerda que cuando iba detrás
del puesto de supervisor de efectos especiales
de *Crepúsculo*, su hija Chelsea le dijo: «¡*Tienes*
que conseguir este trabajo!». Lo hizo, y Chelsea
consiguió un codiciado cameo como una de las
estudiantes del baile que ceden la pista a Edward
y Bella. El coreógrafo Dee Dee Anderson dirigió a
Pattinson y Stewart en los movimientos de su vals.

Para el toque romántico con el que finaliza
la película, el equipo de efectos especiales usó
lo que Weder compara con un tocadiscos gigante
que hacía girar a los bailarines y que habían sacado
de Special Effects Unlimited, una venerable

*Hardwicke comparte una
sonrisa con Kristen y Rob
durante el rodaje de la
escena del baile.*

Charlie Swan apenas puede evitar la sonrisa al ver aparecer a su hija Bella para marcharse al baile de fin de curso con Edward.

CATHERINE HARDWICKE SENTÍA QUE, A PESAR DE TODA LA OSCURIDAD INHERENTE A LOS VAMPIROS, ERA LA HISTORIA DE AMOR LO QUE LLEGABA A LA GENTE.

EL SUEÑO DE *Crepúsculo* SE FUNDÍA EN LA MENTE DE LA DIRECTORA EN UNA SOLA IMAGEN DEL RODAJE: UN RETABLO DE LA JOVEN Y EL VAMPIRO CON SUS ETERNOS DIECISIETE AÑOS.

a todas las edades. La gente ha leído los libros y se ha animado a demostrarlo».

A pesar de todos los sueños y trabajo, el calendario frenético, la dureza climatológica y las charlas creativas —todo el viaje de la realización de la película—, el sueño de *Crepúsculo* se fundía en la mente de la directora en una sola imagen del rodaje: un retablo de la joven y el vampiro con sus eternos diecisiete años.

«Nuestra última escena era de noche en un camino por una fría y oscura montaña; Edward y Bella van en la camioneta. Bajo la gélida luna, es como si estuviesen en su burbuja iluminada. Me entristeció que ésa fuese la última vez que Edward y Bella salen juntos.

»La gente pregunta por "la categoría" de la película. ¡Después de verla alguien dijo que era un romance gótico de terror con humor! Pero me gusta que no encaje en una categoría. Es una historia adulta; tiene humor negro. Espero que atraiga a los románticos, pero es también de terror. Se pone bastante antipática al final, las escenas de lucha son tremendas. Así que esperemos que el público sienta muchas emociones. En realidad, lo que me gustaría es que [alguien que haya visto la película] lo discuta con su pareja, después se vayan juntos a verla de nuevo, y después lo vuelvan a discutir [risas]».

compañía de alquiler de material de Los Ángeles. La parte final presentaba una plataforma giratoria de tres metros de diámetro bajo la pista de baile. «Podíamos controlar lo rápido que iba —explica Weder—. El operador de cámara se mantenía de pie sobre ella, hicimos mucho uso de la cámara de mano y la *steadicam*. No íbamos a mostrar el suelo girando. Esto lo había pedido Catherine; pensó que daría un aire romántico y mágico mientras rodaban a Edward y Bella bailando».

Catherine Hardwicke sentía que, a pesar de toda la oscuridad inherente a los vampiros, era la historia de amor lo que llegaba a la gente. Hasta su madre, de setenta y pico años, había estado yendo a clase de arte y estaba pensando cambiarse a biología para ver si conseguía un compañero de laboratorio como Edward, cuenta. «El amor perfecto se busca

«En realidad, lo que me gustaría es que [alguien que haya visto la película] lo discuta con su pareja, después se vayan juntos a verla de nuevo y después lo vuelvan a discutir».

NOTAS

1: Stephenie Meyer, *Crepúsculo* (Madrid: ed. Alfaguara, 2006), p. 238.

2: Ibid., p. 347.

3: Emily W. Sunstein, *Mary Shelley: Romance and Reality* (Baltimore, Maryland: The John Hopkins University Press, 1989), p. 122.

4: Ensayo introductorio de John Mason Brown; Robert Louis Stevenson, *Strange Case of Dr. Jekyll and Mr. Hyde* (Nueva York: The Heritage Press, 1952), p. x.

5: Material biográfico y citas de la página web de Stephenie Meyer, «Unofficial Bio» y «The Story Behind Twilight» http://www.stepheniemeyer.com.

6: Barbara E. Horst, *Unholy Hungers: Encountering the Psychic Vampire in Ourselves & Others* (Boston: Shambhala, 1996), pp. 34-35; Byron y «La imagen del vampiro» de: David J. Skal, *Hollywood Gothic: The Tangled Web of Dracula from Novel to Stage to Screen* (Nueva York: W.W. Norton & Company, 1990), p. 13.

7: Comentario de Joel Schumacher en el DVD de *Jóvenes ocultos*, disco uno, minuto 19.

8: Stephenie Meyer, *Crepúsculo*, p. 13.

9: Ibid., p. 326.

10: Ibid., p. 344.

11: *That's a Wrap* («Hemos terminado») 17:46, viernes, 2 de mayo de 2008, página web de la película *Crepúsculo*, http://greetingsfromtwilight.com.

AGRADECIMIENTOS

Al editor Joe Monti, que me preguntó si quería adentrarme en el mundo de *Crepúsculo*. Este libro ha sido una tarea monumental, lograda en gran medida gracias a los tremendos esfuerzos de Sabryna Phillips, de Summit, que coordinó las entrevistas. Estas páginas no existirían sin ella, ni sin la increíble colaboración de los que hicieron la película y compartieron sus pensamientos. Vaya también una reverencia para Catherine Hardwicke, que ofreció su tiempo aun estando inmersa en las labores de postproducción. Estoy también agradecido a todos los que organizaron otras entrevistas y encuentros: Patrick Smith, de la oficina de Catherine Hardwicke; Emmy Castlen, de Sunswept Entertainment; y Stephen Kenneally, de ILM. Mi más profundo reconocimiento a mi agente, John Silbersack, con su habitual esfuerzo titánico en mi nombre, y a su ayudante, Libby Kellogg, siempre de buen humor y con todo controlado. Un abrazo para mi familia, con cariño para mi madre, que revisó mi manuscrito con su habitual ojo atento. A Mike Wigner, el mejor mensajero en bicicleta del mundo: nos vemos en Vesuvio's. Y un afectuoso saludo a Gretchen Young, que facilitó mi contacto con *Crepúsculo*.

Foto © Bruce Waters

SOBRE EL AUTOR

Mark Cotta Vaz es un autor *best seller* del *New York Times* con veintiséis libros publicados. Entre sus obras figura la historia del cine clásico *The Invisible Art: The Legends of Movie Matte Painting* (coautor con Craig Barron, miembro directivo de la Academy of Motion Picture Arts and Sciences), que obtuvo el premio al mejor libro de la Theatre Library Association (TLA) de Nueva York y el United States Institute of Theatre Technology. Su biografía, aclamada por la crítica, *Living Dangerously: The Adventures of Merian C. Cooper, Creator of* King Kong, fue un *best seller* del *Los Angeles Times* y finalista en la selección de la TLA. Sus libros «cómo se hizo...» han documentado la primera temporada de *Perdidos* y producciones cinematográficas como *Spiderman*, *Spiderman 2* y *The Spirit*.

La saga que conmovió
a millones de lectores.

La saga que traspasó
miles de fronteras.

Saga Crepúsculo

Más de 7 millones de ejemplares
vendidos en todo el mundo.

Un auténtito éxito
en más de 34 países.

ALFAGUARA

www.comunidadcrepusculo.es
www.crepusculo-es.com
www.crepusculo-lapelicula.es

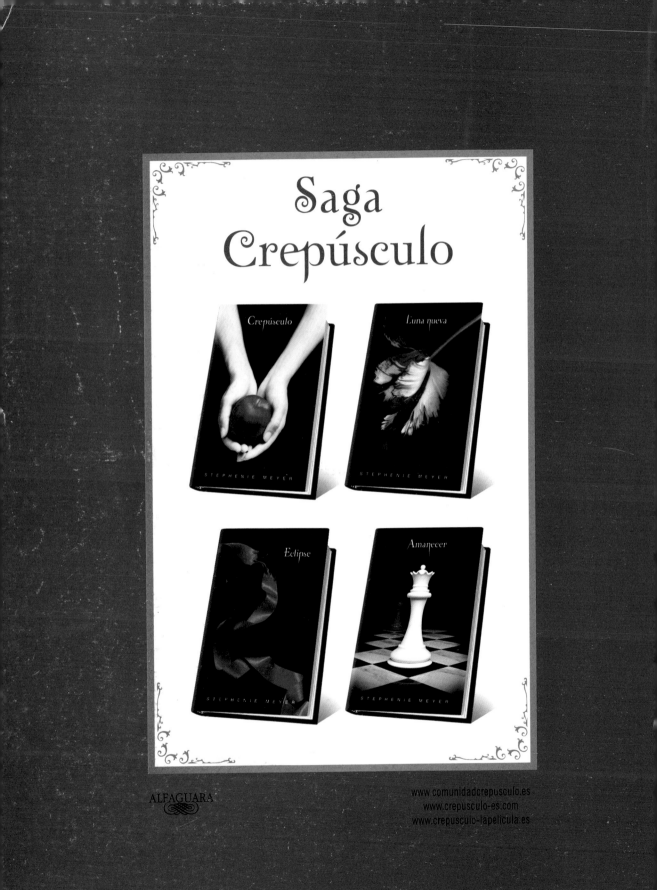